ボクたちの
世界一周

かやのたかゆき & ひかる

久米美都子・編

石風社

もくじ

- 6　世界一周ルートマップ
- 8　まえがき
- 13　旅の持ち物

第1章　出発～中米

17　アメリカ　2006/4/10-4/12
旅の始まり。3日間だけのアメリカ、その理由は？

21　メキシコ　2006/4/12-4/30
いきなりのヒッチハイク。／あこがれのフライトルメンタ神父に会えた！／太陽の神殿、ティオティワカン遺跡へ。

27　グアテマラ　2006/5/1-6/3
バスはハデでおんぽろ！／グアテマラにはロウソク屋がたくさんある。／先住民族の村パナハッチェルへ。／世界遺産の町、アンティグア。／キケンなグアテマラシティ。／今日からまたスペイン語学校。／絶景のセムクチャンペイとカリブ海の町プエルト・バリオス。

42　ホンジュラス　2006/6/3-6/14
ホンジュラスの国境から砦の町オモアへ。／またまたキケンな町へ。／ウニもカニも魚もいっぱいのウッティラ島。／タクシーにはメーターがない！

49　ニカラグア　2006/6/14-6/23
国境の橋は日本製でした。／レオンからバスで古都グラナダへ。／オメテペ島でターザンごっこ。

56　コスタリカ　2006/6/23-7/18
コスタリカは自然の国。／ウミガメがいた！／モンテベルデ自然保護公園へ。／アレナル火山は溶岩が落ちてくる。／首都サンホセにはサッカー場がいっぱい！

第2章　南　米

66　エクアドル　　2006/7/18-8/12

エクアドルは赤道直下の国！／子どもを支援する施設に行ったよ。／夢のガラパゴスツアー！／いざ、ペルーへ！

75　ペルー　　2006/8/12-8/24

なんばしよっとお！／宿オキナワ。／首しめ強盗にご用心！／ナスカの地上絵を見たよ。／インカ帝国時代の首都クスコ。／天空の城マチュピチュへ。／富士山より高い湖、ティティカカ湖へ。

87　ボリビア　　2006/8/24-9/6

ボリビアは南米で一番物価が安い。／石ころで通せんぼ。どうして!?／世界一の"塩の湖"は真っ白！／高山病になりながら、火山に登ったよ！／夜行列車でアルゼンチンへ。

97　ちょっとだけ アルゼンチン北部　　2006/9/6-9/8

最悪の国境ごえ。／先にパラグアイ、ブラジル、ウルグアイをまわるよ。

100　パラグアイ　　2006/9/8-9/21

ホテルが決まらないときはとてもツライ。／パラグアイに日本があるよ！"イグアス・ハポン・コロニー"。／横幅が４キロ！世界一長いイグアスの滝。

108　ブラジル　　2006/9/21-10/22

やっほ〜！あこがれのブラジル！／ひかるのパスポートにハンコがない！／ブラジルの広さは日本の23倍！

115　ウルグアイ　　2006/10/22-10/24

ウルグアイのバスはサービス満点！

| 117 | アルゼンチン | 2006/10/24–11/14 |

最初に目指すは動物の楽園バルデス半島！／世界で一番南の町に来たよ！／"世界の果て博物館"。／氷河をなめてみた。／パパが強盗にやられた！／さよなら南米！

第3章　アフリカ

| 130 | 南アフリカ共和国 | 2006/11/18–11/26 |

「ねことねずみホテル」に泊まったよ。／見どころいっぱいのケープ半島一周ツアー。／アパルトヘイト。ボクがこの国に生まれていたら……。／空手と折り紙で友だちになれた！／アフリカのバスはフトンが必要？

| 137 | ナミビア | 2006/11/26–12/9 |

ナミブ砂漠へ出発！／オレンジ色の砂漠を目指して。／タイヤが砂にズブズブとはまった！　そのとき！

| 145 | ジンバブエ | 2006/12/9–12/25 |

落差世界一！　ビクトリアの滝にはサルがいっぱい／ああ、ボクの食あたり体験記。／"格安一等車"で首都ハラレへ。／ハラレの町歩きは要注意！／忘れられないクリスマス。

| 154 | ケニア | 2006/12/25–2007/1/5 |

世界三大アブナイ町!?　ナイロビに到着。／マサイ・マラ国立保護区へ。／どろんこの道を3時間かけて帰ったよ。／銃声がなりひびいたおおみそか。

| 162 | エジプト | 2007/1/5–1/16 |

お母さんの荷物がなくなった！／3300年前のツタンカーメンの黄金のマスク。／ピラミッドとスフィンクスを見るラクダツアー。／消えたお母さんのバッグのこと。／エジプトの人たちは信仰熱心なんだ。／エジプトの人たちは親切！

第4章　中　東〜アジア

171　**イエメン**　　　2007/1/17-1/27

イエメンの剣"ジャンビア"はカッコイイ！／女の人は黒い服、黒いスカーフ、黒いマスク。

177　**アラブ首長国連邦**　　　2007/1/27-2/1

ドバイはお金持ち！／中華レストランでうれしい白ごはん。／世界一高級の7つ星ホテル。／ドバイバスにはルールがあった。／ドバイには買いたいモノがいっぱいだ！

184　**タイ**　　　2007/2/1-2/15

難民の村で4年ぶりの再会！／戦争博物館に行ったよ。

191　**カンボジア**　　　2007/2/15-2/25

デコボコ道で、バスが連続ジャンプ！／"アキラの地雷博物館"で、生まれて初めて地雷を見た。／アンコール・ワットへ。／キリング・フィールドで思ったこと。

202　**ネパール**　　　2007/2/28-3/13

日本人とそっくりの人がいるよ！／牛はヒンドゥー教の神さまです。／水をかけあうおもしろい祭"ホーリー"／日本語いっぱいの町ポカラに着いた。／トレッキング開始。山の学校に"ＪＡＰＡＮ"の文字が！／かっこいいマチャプチャレ山。／ネパール語を教わったよ。／カトマンズはデモだった。／ヒマラヤで一番古い寺、"モンキーテンプル"。／ビニールテープもおもちゃも没収!?

215　**再びタイ**　　　2007/3/13-3/26

高熱でまたダウン。／ひかる、タイで9歳になりました！

218　🇲🇾　マレーシア　　　　　　　　2007/3/26-3/29
クアラルンプールはとてもきれいな町だよ！／ついに日本へ。ありがとう！

222　旅のこづかい帳

230　あとがき　（母：久米美都子）

世界一周ルートマップ 2006/4/10-2007/3/29

日本 東京 2006/4/10
福岡 大阪 2007/3

エジプト 1/5-1/16
アレキサンドリア
カイロ
ギザ

アラブ首長国連邦 1/27-2/1
サナア
ドバイ

ネパール 2/28-3/13
ポカラ
カトマンズ

イエメン 1/17-1/27

タイ 2/1-2/15 3/13-3/26
バンコク
タオ島

カンボジア 2/15-2/25
プノンペン

マレーシア 3/26-3/29
クアラルンプール

ケニア 12/25-2007/1/5
マサイ・マラ動物保護区
ナイロビ

中東
イエメンでは世界遺産の町サナアへ。アラブ首長国連邦では7つ星ホテルがうらやましかった〜。

ジンバブエ 12/9-12/25
ビクトリアの滝
ハラレ

ナミビア 11/26-12/9
ウィントフック
ナミブ砂漠

南アフリカ 2006/11/18-11/26
ケープタウン

東南アジア
タイでは難民の村の子どもたちと再会！ カンボジアではアキラの地雷博物館、キリング・フィールドを見学。ショック！ アンコールワットやバイヨン寺院は最高！ ネパールでは"ホーリー"という水投げ祭でびしょぬれになったよ。

アフリカ
南アフリカではアパルトヘイトを学ぶツアーに参加。ナミビアでは朝のナミブ砂漠をまんきつ。ジンバブエではたかゆきが食あたりでダウン！ ケニアはマサイ・マラ国立公園でたくさんの肉食動物を見て大こうふん！ エジプトではラクダに乗ってピラミッドを見学したよ。

まえがき
言葉や顔がちがっても仲良くしようよ！

長男：かやのたかゆき（小5）
次男：かやのひかる（小3）

2005年の3月、パパとお母さんがこう言いました。
「来年4月から、1年間、世界一周するよ！」と。

ボクたちは、「やったー！」と飛び上がりました。

ボクたちのお母さんは、世界を旅するのが大好きで、ボクたちが生まれる前はずっとひとりで旅をしていたそうです。1994年には、ひとりで北半球を世界一周して、その時のおもしろい話や、おどろいた出来事など、いつも聞かせてくれていました。お母さんは、世界にいろんなことを教えてもらっているのだそうです。だから旅は、お母さんにとって、"大先生"です。

ボクたちが生まれても、お母さんは旅をやめませんでした。ボクもひかるも最初の海外旅行は、おとなりの韓国で、0歳の赤ちゃんの時です。
それから、ボクが4歳、ひかるが1歳11ヶ月の時に、本格的に、世界旅行を始めました。格安航空券を買って、リュックを背負って、現地で安宿を探し、高いタクシーを使わずにバスに乗る、そんな"バックパッカー"という旅です。
この時の旅は、フィリピンのマニラ。翌2001年には、ベトナムと韓国。2002年にはタイに2回。2003年はタイと韓国。2004年はインドとモンゴル。2005年はラオスに行きました。
ボクたちは、どんどん世界旅が好きになっていきました。そして、いつも、「もっとたくさんの国に行ってみたい」「1週間や2週間じゃなくて、

もっとなーく行きたい」と思うようになりました。
だから、「世界一周に行くよ！」と言われたときは、本当にうれしかったです。
こうして、ボクと弟は、パパとお母さんの家族4人で1年間、世界一周旅行に"挑戦"しました。
なんで"挑戦"かというと、世界を廻る交通費も、1年分のホテルも食事も全部合わせて、4人で500万円でやっていこうと思っているからです。
日本のホテルは、最低でもひとり5000円ぐらいするから、日本のように物の値段が高い国だと、この計画はムリです。でも、ボクたちの旅は、ひとり500円ぐらいの安宿を、自分たちで探します。それに、世界はつながっているから、なるべく飛行機でなく、安いバスで移動します。言葉はスペイン語の国が多いので、グアテマラで勉強します。治安が悪い国もあって、注意しなくちゃいけません。いろんな問題や不安を、家族で協力して、やりとげよう！という挑戦です。

旅の間、ボクがパソコンで書いた日記と、ひかるが書いた絵日記をもとに、お母さんがわかりやすく書き直したり、説明を加えたり、また、ボクとひかるとお母さんと話し合って、この本をつくりました。

ボクたちは世界中にたくさん友だちができました。
　メキシコのアレックス。
　グアテマラのシェイラ、ダイチ、ゲンキ。
　エクアドルのルーベンやリカルド。
　ガラパゴスツアーでいっしょだったイスラエル人の5人家族。
　ボリビアのウユニツアーの旅行会社の子供たち。
　ブラジルでは2つのサッカークラブのみ〜んな。
　そのサッカークラブを探すのにお世話になった日系人（ブラジルに住む日本人のこと）のミサコさんやジュンさん。
　パラグアイでは日系2世（パラグアイで生まれた日本人）のフミコさんと日系人の篠藤さん。

まえがき

アルゼンチンでは上野荘のあや子おばあちゃんと犬のトルーチャ。
ナミビアではトーマス。
ジンバブエではクリスマスパーティに呼んでくれた２つの家族。
タイのルビン、ヨワ、ジャスミン。
ネパールのサクラハウスのオパールとアシス……。
ほんとうに、たくさん、たくさん、たくさんの人と友だちになりました。
「また会おう！」「いっしょにサッカーしよう！」と約束しました。だから、大きくなったら、もう一度会いにいこうと思っています。

この友だちになった人たちとは、（日系人以外）ほとんど、言葉がつうじません。ボクは、ちょっぴりのスペイン語と、またまたちょっぴりの英語で、想像しながら話しています。でも、みんな、本当に優しいし、ボクの気持ちをわかってくれるんです。
それは本当に不思議です。
いつもお母さんが言っていました。「言葉が通じなくても、心で話すのよ。心は通じるよ」って言っていたのが少しわかりました。
でも、ボクは言葉も大切だと思うから、スペイン語とポルトガル語と英語をマスターしようと思っています。

旅は、いつもたのしいことばかりではありませんでした。しんどいことも、腹が立つことも、こわいことも、たのしいことと同じぐらいおきました。家族でケンカもたくさんしました。
それに、毎日、超節約ばっかりでした。現地食が合わなくても、ひらすら現地食を食べました。キレイなレストランで食べたくても、食堂や市場で食べました。自炊ができるところでは、ごはんを炊いたけど、日本のお米は高くて買いませんでした。でも、中国やタイの米が安くてとてもおいしかったです！
安いホテルが、探しても探しても、ないときは大変でした。ヘトヘトでも、荷物が重くても見つかるまで歩いて探しました。観光地で、どうしても高いレストランしかないときは、２つだけ頼んで４人で分けて食べました。
ホテルでは、せまいベッドに重なって寝ることも何度もありました。

でも、そんなことも今思い出すとおかしくて、笑いたくなります。だから行ってよかった、と思っています。

ボクは世界の人たちとなかよくしたいです。言葉がつうじなくても仲良くなれることを伝えたいです。日本は島国でまわりは海だから、国境は歩いて越えることはできません。でも、世界は続いていて、日本の"県境"みたいに、歩いて国境を越えて、となりの国に行くことができるんです。
それに、世界はいろんなことがおきています。
ボクたちも強盗におそわれました。強盗にあったことのある日本人はたくさんいました。中南米やアフリカでは強盗はめずらしいことではないんです。また、日本人は狙われやすいそうです。
他にも、暴動があったり、働きたくても仕事がなかったり、戦争していたり、地雷が埋められていたり、雨がふらなくて大変だったり、雨が降りすぎたり、日本にはないおそろしい伝染病があったり、誘拐事件など、いろんなこまった問題がおきています。
それから、ボクと同じくらいの子供が、一所懸命に働いていました。その仕事のために、英語や日本語を自分で勉強して、話せるようになっていることは、本当におどろきました。

日本は、ボクたちが行った国々と比べると、平和で、安全です。ルールを守れる人が多いし、水道の蛇口をひねれば、じゃんじゃん水がでて、トイレだってじゃんじゃん流れます。停電なんてないし、ガスもいつでも使えて、お湯が出るのもあたりまえ、バスも電車も、時間通りに来てあたりまえ。電車に乗るために、日本は並んで待ちますが、そんな国は他にありませんでした。
ボクは、日本のそれらを"あたりまえ"と思っていたので、外国で起きたいろんなことに、たくさん腹を立てたり、あきれることがたくさんありました。だからこそ、今の日本の、"きれいで便利な生活"はあたりまえじゃないことがやっとわかりました。
それに、世界一周をして、ボクの世界がひろがりました。世界にできた

まえがき

友だちを大切にしたいです。テレビを見ていても、本を読んでも、世界のことや人が知りたくなります。ほんとうに、ボクはボクたちに優しくしてくれた人全部にありがとう！と言いたいです。もう一度会って、ありがとうと言いたいです！
ボクたちのこの旅行記を読んで、世界が近く感じられて、仲良くしたいなという気持ちになってくれると、とてもうれしいです。

旅の持ち物（すべてを分担して持参）

パパ………50リットルと25リットルのバックパックを前後2つ
お母さん……パパとほとんど同じだが、少し軽い。
たかゆき……25リットルのバックパック（結構重め）とサッカーボール
ひかる………25リットルのバックパック（軽い）とおもちゃバッグ

01 | 着替え各2組
Ｔシャツとズボン、下着、靴下。いずれも使い古しで、乾きやすい薄手、ラクなもの。

02 | 冬物ジャケット
綿やダウンの小さくなるもの。南米は標高が高い場所や、アルゼンチン南部は寒い。

03 | 長袖Ｔシャツ
蚊よけにも使える。

04 | 世界対応電気ポット
コーヒーやお茶などのむために。これがあればスープやラーメンもできる！

05 | 洗濯バケツ
魚釣り用の折りたたみ式。バケツがあれば手洗いもラクラク！

06 | 洗濯用ハンガー
これも100円ショップで購入。うすくて小さいのがある。4人分を干すには必須！よく乾きます。

07 | 洗濯干しロープ
100円ショップのもの。ロープがはしご状になっていて、ハンガーがかけやすい。

08 | 洗濯ばさみ
普通より小さいもの。吹き飛ばし防止。

09 | サッカーボール
飛行機に乗るときは空気を抜く。

10 | サッカーボール空気入れ
空気を抜くために、途中で購入。

11 | アーミーナイフ
栓抜き、ワインオープナーもあると便利。

12 | 各種かぎ
南京錠、ナンバーかぎ、自転車用のチェーンカギなど。どれも100円ショップのもの。すべてのリュックにカギをかける。チェーンカギは、どこかにくくりつけるため。

13 | 方位磁石

これも必須。

14 | 子供の勉強道具

国語・算数の教科書、ドリルなど。勉強できるパソコンＣＤ（小学3年生コース、小学5年生コース、どらえもんの漢字シリーズ、ケンチャコ計算マスター、英語・スペイン語のミーアの大冒険、エンカルタ百科事典）

15 | スペイン語、ポルトガル語、英語の辞書、ガイドブック

不要になったら日本に送った。

16 | パソコン関係

ノートパソコン、世界対応合体型コンセント、外付けハードディスク、ＭＰプレーヤー、延長コード。ネットショップに行くために、パソコン入れるじょうぶでボロのズタ袋。

17 | デジタルカメラ常時2台

2台壊れ、1台置き忘れ、1台は強盗に盗られ、旅行中3台安いのを購入。

18 | デジカメの充電器、充電電池、予備の電池、懐中電気

19 | ニセ札発見ペン

エクアドルで購入、1ドル（120円）。ペンでお札に線を引く。本物は無反応。ニセ札は黒く変色する。ニセ札は主に南米で注意が必要。

20 | プラスチックのコップ

4個1組100円ショップのもの。ちょっと大きめ。

21 | クスリ類一式

かぜ薬、シップ、目薬、熱さまシート、アレルギー薬、頭痛薬、胃薬、きずぬり薬、ヨードチンキ等

22 | ソーイングセット

必要に応じて貴重品はズボンに縫いつけたり、服がやぶれたら縫うために必須。

23 | ぞーり

24 | マラリア対策（蚊よけ）

蚊とり線香、蚊よけウェットティッシュ、蚊よけジャンパー、蚊よけぼうし、蚊よけズボンなどなど。

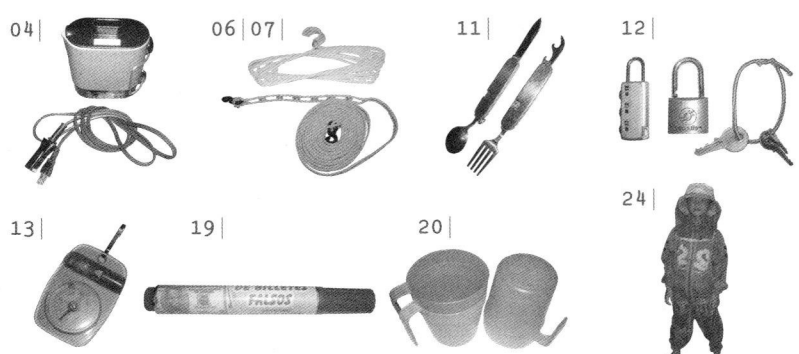

それゆけ小学生！
ボクたちの世界一周

石風社

装幀・図版制作・本文フォーマット作成
fook(酒井理恵子／生野朋子)

第1章　出発〜中米

アメリカ
America
2006/4/10-4/12

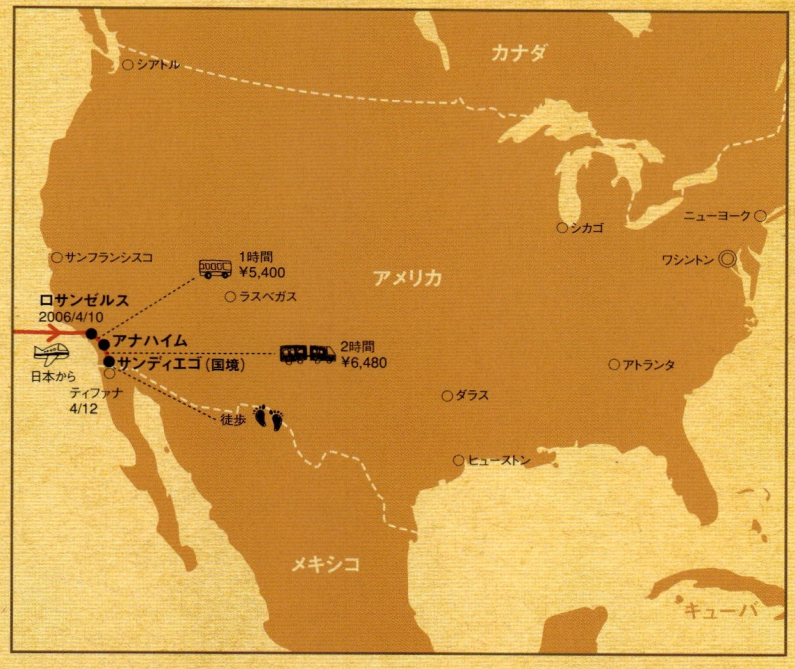

※地図内の交通費はすべて4人分

トラベルメモ

【面積】日本の25倍
【人口】日本の2.5倍
【治安】良い
【言語】英語
【お金】ドル。1ドル=120円
【物価】日本と同じくらい
　　　　ディズニーランド2日間券＝
　　　　大人116ドル／子ども96ドル
【宿泊費用】4人1泊約5,800円

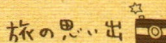
旅の思い出

いざ、出発！　行ってきま〜す！

第1章　出発〜中米
アメリカ　2006/4/10 - 4/12

◎旅の始まり。3日間だけのアメリカ、その理由は？

さぁ、出発の日です！　昨日はいつもの旅行の時より緊張していて、寝るときドキドキしました。朝、パパとお母さんの友だちが家に車で迎えにきてくれました。

空港に着くと、別のお友だちが見送りにきてくれました。

「ありがとうございます！　それでは、行ってきます!!」

実はボクは✈が苦手です。あの閉め切った空気が苦しいんです。窓を開けることができたらいいんだけど、そんなのムリだしね。

福岡から東京は1時間半だけど、東京からロサンジェルスまで約10時間もかかるので、かなり心配でした。

だから、✈の中ではずっと寝てました。

ディズニーランドの近くでは格安のホテル。

アメリカのハンバーガーはでかいよ！

ディズニーランドの中の記念撮影スペース。ボクたちは巨人になった!?

"スペシャルおまけ"のディズニーランド。

アナハイム駅を出発。メキシコとの国境へ行くよ。

アムトラックの列車は2階建てだよ。

アムトラックの車内はチョ〜デラックス！

そして、朝、ロサンジェルスに到着。日本とアメリカの間には時差が17時間ある（日本が17時間進んでいる）ので、日本を出発した同じ日に着きます。

空港からは直行バスで、ディズニーランドがある"アナハイム"という町へ行きました。バスは高級ホテルで停まったけど、ボクたちはそこから安いホテルを探しに行きました。タクシーの人に教えてもらって、見つけたのが1部屋49ドル（5000円）のホテル。ここに泊まることにして、すぐディズニーランドに行きました。2日間券を買って、夜までたくさん遊びました！

でも、これは、世界一周のスペシャルおまけ！　これから先が、ボクらの"挑戦"の旅のはじまり！　はじまり〜！

第1章　出発～中米

メキシコ
Mexico
2006/4/12-4/30

※地図内の交通費はすべて4人分

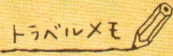
トラベルメモ

【面積】日本の5倍
【人口】日本より2000万人少ない
【治安】わりと安全。町はずれは注意
【言語】スペイン語など
【お金】ペソ。1ペソ＝10円
【物価】日本より少し安い。日本の7～8割。南部は安い。
【行って良かったところ】世界遺産グアナファト、
　　フライトルメンタ教会、
　　南部のサンクリストバル・デ・ラルカス
【宿泊費用】4人1泊約2,000円(北部、半島、南部)～4,600円(中心部)

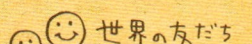
世界の友だち

アレックス

◎いきなりのヒッチハイク。

初めての国境ごえです。アメリカとメキシコの国境は"回転式扉"。この扉の向こうはメキシコです。歩いてとなりの国に入れるなんてステキだね。

アメリカとメキシコの国境。

＊　　　　＊

メキシコはとても広いよ。まずは、国境の町ティファナから、🚌でカリフォルニア半島の南の先っぽにある町"ラ・パス"へ。なんと22時間も乗るんだよ。福岡から東京までは15時間だから、そうとう遠い。途中は砂漠で、サボテンがいっぱい。サボテンにしずむ夕陽がとてもきれいだった。覚悟をしてたから、22時間の🚌も大丈夫だったよ。メキシコのバスはデラックスバスなんだ。

メキシコのサボテン。でかい！

町の名前"ラ・パス"というのは、スペイン語で"平和"という意味だそうです。メキシコでは英語は通じません。これからはしばらく、スペイン語です！

カリフォルニア半島の南の先っぽにある美しい町"ラ・パス"の町並み。

町の中心から🚌で20分行った、一番美しいピチリンゲ岬で泳いだ帰りのこと。まだ夕方なのに、帰りの🚌がなくなってしまいました！🚌で20分だから、20キロメートルぐらいの距離です。1キロ歩くのに20分かかるから、20キロなら400分！　うっそー！　6時間以上もかかってしまう！　これはかなりやばいです！　なんと、タクシーも通っていません！

美しいピチリンゲ岬。

お母さんが、「こうなったら、ヒッチハイ

ラ・パスの夕焼け。

第1章　出発〜中米
メキシコ　2006/4/12 - 4/30

クしかない！」と言い出しました。それで4人で道ばたに立って、手を横にあげて、親指を立てました。

ヒッチハイクなんて初めてです。何台もの車が素通りしていきました。そんな簡単に乗せてくれないよなぁ……と思いながら、4人並んでがんばっていると、1台の車がス〜と止まりました。やった〜！　ありがとうございます！

乗せてくれたメキシコ人夫婦が"神さま"に見えるぐらい感動したよ！でもこれって安全だからできることだよね……。

ラ・パスの次は、ごうかな船で半島から16時間、メキシコ本土にわたりました。そして、バスでグアナファトへ。メキシコで一番美しい町、世界遺産です。昔、たくさん"銀"がとれて、こんなに美しい町をつくったそうです。

世界遺産、銀でさかえたグアナファトの町並み。

◎あこがれのフライトルメンタ神父に会えた！

今度はバスで、メキシコの首都、メキシコシティへ。泊まっている宿の

近くで、メキシコの子どもたちがサッカーをしてたから、仲間に入れてもらったよ。「明日もここで！」と毎日約束して、毎日サッカーしたよ。彼の名前はアレックス！世界一周の一番最初にできた"アミーゴ"（友だち）です！

それから、お母さんがとても会いたかった人、フライトルメンタ神父に会いにいきました。住所を手がかりに一所懸命に探しました。

フライトルメンタは、キリスト教会の神父さんで、プロレスラーだった人。神父は、たよってきた貧しい子どもたちや、親がいない子どもたちを育てるために、プロレスをしてお金をかせぎました。メキシコではプロレスはとても人気があるのです。決して強くなかったらしいけど、負けても負けてもがんばることを子どもたちに教えたスゴイ人。3000人以上の子どもたちを育て、そして今も育てている"お父さん"です！メキシコでは有名人で、映画にもなったし、日本のテレビでも紹介されたこともあるそうです。

で、もっとも感動的なことは、なかなか教会が見つからなくて、住所が違うのかな、もうムリかなとあきらめかけた時、親切な男の人が車で教会に連れていってくれたんです。教会の中を案内してくれたので、教会の人だと思っていました。すると、その男の人は、「今日はこの教会で結婚式があるんです。だから、フライトルメンタ神父が来ます。あと、1時間か2時間後ぐらいです。私の家に来ますから、私の家で待ちませんか？」と言って、家に連れていっ

グアナファトの教会の中

アレックスは世界一周の1番最初にできた友だちだよ。

なんと、メキシコシティの動物園はタダ！広くて動物もたくさん！

フライトルメンタ神父の教会。

第1章　出発〜中米
メキシコ　2006/4/12 - 4/30

左から、マリオ青年、仮面をはずしたフライトルメンタ神父。　　神父のプロレスするときのマスク姿！　きまってるね！

てくれました。もちろん、喜んで待たせてもらうことにしました。それで、その男の人とスペイン語辞書を見ながらいろいろ話していると……！　なんと、その男の人が、フライトルメンタが育てた"孤児"、マリオ少年だったんです。7歳で神父の孤児院に来て、今ではリッパな弁護士さん。そして60歳近くで引退したフライトルメンタの代わりに、"フライトルメンタ・ジュニア"としてプロレスを受け継いでリングに立っているそうです。おかげで、フライトルメンタ本人と会うことができました！
本当に、奇跡だと思います！　神さまがみちびいてくれたんだと思います。たくさんの人から助けてもらったおかげ。あきらめなくてよかった、本当に。

◎太陽の神殿、ティオティワカン遺跡へ。

次に向かったのはメキシコシティからバスで1時間のティオティワカン遺跡。ここはメキシコやグアテマラやホンジュラスの文化の中で、一番大きい都市遺跡です。1900年前から1300年前に栄えた都市だそうです。一番カッコいいのが太陽のピラミッドで、1800年前に作られたもの。そんな昔のが残っているなんてスゴイね。高さは65メートルもあるんだ。
その次はで、メキシコ南部のサンクリストバル・デ・ラルカスへ。ここはとなりの国のグアテマラに近くて、これまでのメキシコとはガラッと雰囲気が変わったよ。肌はちょっと黒くなって、民族衣装を着た人が多い。それに、同じメキシコなのに、物価が安いよ。

高さ65メートルもある太陽のピラミッドに登ったよ。うしろに月のピラミッドがきれいに見える。ここで太陽の神さまに"生けにえ"をささげたそうです。

国立人類学博物館の"太陽の石"。アステカ時代のカレンダーなんだよ。

その"太陽の石"がおみやげになると、こうなる。とてもカラフル。

ちょっとすわって休んでいると、たちまち、おみやげ売りの人がたくさんよってくる。手作りのビーズやミサンガを売っているよ。とっても色がきれいなんだ。

それから、この町では、馬に乗って、先住民族（スペイン人が来る前からここに住んでいる民族のこと）の村の市場に行くツアーに参加しました。たったの1人1000円！　ボクたちは子どもだから、パパやお母さんと

第1章 出発〜中米
メキシコ 2006/4/12 - 4/30

おみやげ屋さん。布の色があざやかで楽しいよ。

おみやげ売りの人はとても積極的！

これは"太陽"みたいな"おこのみやき"。うらがえすのがもったいない。

メキシコで一番気に入ったもの！それは屋台の手作りシャーベット。めちゃうま！

ヤッホー！1人で馬に乗ったよ。

いっしょに乗るんだろうと思っていたら、それぞれ1頭に乗せられた。で、「はい、行くよ」って言われた。「え！ど〜すんの？」と思ったけど、馬がおりこうで、順番に並んで歩き始めた。でも時々、馬どうしがケンカしたり、ぶつかったり、より道したり、いろいろ大変でした。パパは馬にキックされたし、あばれ馬にあたった他のお兄ちゃんは、落っこちました。馬には往復で3時間も乗ったよ。すっかり馬となかよしになった！また乗りたいな。

先住民族の女の人たちは、カメラを向けるとさっと逃げちゃうよ。たましいがとられるから（？）ダメなんだって。

第1章　出発〜中米

グアテマラ
Guatemala
2006/5/1-6/3

※地図内の交通費はすべて4人分

トラベルメモ

【面積】日本の3分の1
【人口】日本の7分の1
【治安】首都のみキケン。地方は良い。
　夜間は注意。市場や満員バスのスリに注意
【言語】スペイン語など
【お金】ケツアール。1ケツアール＝15円
【物価】安。市場の食堂ごはんは1人前150円くらい
【行って良かったところ】スペイン語学校、
　世界遺産アンティグア、セムクチャンペイ
　(行ってないけどティカル遺跡もすばらしいそうだよ)
【宿泊費】4人1泊約1,000〜2,000円

世界の友だち

シェイラ　ダイチ　ゲンキ

第1章　出発〜中米
グアテマラ　2006/5/1 - 6/3

◎バスはハデでおんぼろ！

さあ、次はグアテマラに入るよ。
これが国境（→）。ここの国境は"しゃだん機"だった。
グアテマラ側に入ったらびっくりしたよ。バスはハデハデ、そしておんぼろ、さらにせまっ！　しかもぎゅうぎゅう詰め。え〜〜〜、まだ乗ってくるの!!
でも、アメリカやメキシコと比べると、なんでも安くなったよ。ごはんもバス代とかもね。1食150円ぐらい。
"サクレウ遺跡"というところに行ったときのこと。遺跡はメキシコのティオティワカンとくら比べると小さいけど、ここはグアテマラ人のいこいの場。こっちの子どもたちが「カラテを教えて！」といったので、パンチとキックを教えてあげたよ。

　　　　　　＊　　　　　＊

さあ、スペイン語学校に行きます！　メキシコもグアテマラも、これから行く南米もスペイン語なんだよ。だから、ここでしっかり勉強します！
スペイン語学校に入るこの町は、ケツアルテナンゴという町で、グアテマラで2番めに大きい町。調べたところ、スペイン語学校とホームステイが、世界一安いところ。ボクたちの先生はメリッサ先生。20歳。とっても優しい先生だ。パパとお母さんはファラ先生に習います。
授業料は、1時間500円ぐらい。それも、

メキシコとグアテマラの国境。

バスはハデハデ！

↑パパと空手してたら、みんな集まってきたよ。↓キックとパンチを教えてあげたよ

メリッサ先生からスペイン語を習うよ。

これが、ひかるとお母さんのステイ先。どこも門がしっかりしてるよ（右上の写真）。

個人レッスンです。日本では考えられないほど安いってお母さんが喜んでました。これから1週間、1日4時間勉強します。
グアテマラの人の家にホームステイさせてもらいました。勉強のために、ボクとパパ、ひかるとお母さんにわかれて泊まりました。家族4人がいっしょより、はなれた方が、勉強になるからです。
午前中は学校で勉強。午後はホームステイ先に戻って、宿題して、お家の人と遊んだりしたよ。みんなとってもやさしかったよ。
ひかるのステイ先には高校生のお兄ちゃんと中学生のお姉ちゃんがいて、中庭があって、サッカーや風船であそびました。とてもりっぱな家だけど、水が出ないときが多いし、停電も多いから、びっくりしました。
ボクのステイ先では、朝ごはんにびっくりしました。日本では高くて食べられないパパイヤやマンゴやメロンが山盛りでてきたからです。とてもおいしかったです。グアテマラは野菜も果物も安くておいしいです。
それから、グアテマラ人の先生から空手を習ったよ。先生はとてもかっこよくて、回し飛びげりは、最高にすごい。そんな先生が、ボクのケリを見て「ムイ、ビエン！」（とてもいいよ）とほめてくれました。とても

第1章 出発〜中米
グアテマラ 2006/5/1 - 6/3

うれしかったです。

◎グアマテラには"ロウソク屋"がたくさんある。

あちこちにある"ロウソク屋"。その理由は……。

グアテマラはどこでもよく停電します。夕方、停電して、そのまま寝るまで電気がつかないこともよくあります。だから、市場にも道ばたにもロウソク屋さんがたくさんあるのです。「日本も昔はよく停電してた」とパパから聞いておどろきました。

週末はメリッサ先生、ファラ先生たちといつもの"チキンバス"に乗って、となり町の巨大市場に行きました。

市場には布（↑）も野菜（↓）も、なんでもあるぞ！

バスに乗っている間、メリッサ先生から「1から100まで言って」と言われました。ボクは1から100までかんぺきだから自信がありました。ボクが、「ウノ、ドス、トレス、クワトロ……」と100まで言いました。

メリッサ先生たちから「ビエン」（いいよ!!）と、言われました。

巨大市場はすっごい人でした。人も店もあまりにたくさんで、かなり、ぐちゃぐちゃです。時々、人の流れがぶつかって、もみくちゃになって、みんなと、はぐれそうになります。

子供がCD屋の店番をしてた。

お店の人も、買う人も、みんな元気いっぱいです。それから、ここは、何でも売っています。おどろいたのは、牛やブタもニワ

くつみがきの少年もたくさん。

市場の家畜コーナー。「ブタはいかが？」

トリもウサギも、"生きたまま"売っていることです。え〜！ ウサギも食べちゃうの!?
牛の一番でっかいので4000ケツアール（6万円）です。子牛はちょっと忘れたけど、安かったです。ブタの大きいので300ケツアール（4500円）です。小さめは200ケツアール（3000円）。
ポジョ（ニワトリ）もきゅ〜くつそうに売られていました。この姿が、この国のバスが"チキンバス"とよばれる理由だそうです。本当かな？
ブタを買う時は、ブタの口をむりやりあけて、歯の並びを見て値段がきまります。その時ブタはものすごくいやがって、ものすごい声を出します。

売られている、きゅ〜くつそうなニワトリ。

バス乗り場はこんな感じ。市場と合体してるし、客引きがガンガンよってくる。ぼやぼやしてられないよ。

第1章　出発〜中米
グアテマラ　2006/5/1‐6/3

アティトラン湖のまわりには先住民族の村々がある。

それから、またぎゅうぎゅう詰めのおんぼろ"チキンバス"に乗ってもどりました。そのあとメリッサ先生達とお別れしました。メリッサ先生みたいなやさしい先生に会えてよかったと思います。

◎先住民族の村パナハッチェルへ。

↑日本人がやっている"ツーリストホーム村岡"。すばらしい宿です！
↓村岡さんご夫婦と記念写真。

パナハッチェルは人口5千人の小さな町で、世界一美しいといわれているアティトラン湖のほとりにある町です。この湖のまわりには、先住民族の村がたくさんあって、それぞれの伝統の機織りをしています。その織物はとても色や柄が美しいそうです。
そして、この町には村岡さんという、ボクのおじいちゃんおばあちゃんぐらいの日本人の夫婦がいて、宿をやっています。これはケツアルティ

市場の食堂はどこもにぎやかで楽しいよ！

ナンゴで会った、メガネのお兄さんが教えてくれました。たのめば日本食を用意してくれる人気の宿です。
その日の夕ごはんは、大人はにぎりずしとお魚のみそ汁、ボクたちには"日本のカレー"。めっちゃおいしかったです。
ここは1泊ひとり40ケツアール（600円）で、夕ごはんはひとり30ケツアール（450円）です。市場でごはんを食べれば、1食150円ぐらいなので、今日だけのぜいたくです。

↑↓アティトラン湖のすみっこから温泉がでているんだ。本物の温泉だよ。

◎世界遺産の町、アンティグア。

パナハッチェルからバスで3時間、アンティグアに着きました。

第1章　出発〜中米
グアテマラ　2006/5/1 - 6/3

アンティグアのアグア火山。富士山に似てる？

ここは富士山によく似た休火山の"アグア火山"があって、昔、大噴火したそうです。大地震もあって、何度もこわれては復活した町です。石だたみの道やスペイン時代の古い町並みや教会が残っていて、世界遺産に登録されています。また、ここはスペイン学校がとてもたくさんあって、世界中の人が勉強にきている町でもあります。

そして、"ペンション田代"という、日本人がやっている宿があります。出発前、お母さんが、スペイン語学校をインターネットで調べていたときに知った宿です。そこへ行くと、たくさん日本人がいました。勉強している人もたくさんいます。

さっそく「アタバル」というスペイン語学校に行って、入学手続きをしました。月曜から金曜日の朝8時からお昼の12時まで4時間、勉強することになりました。またがんばろうと思います。今のところ、家族の中ではボクが一番スペイン語がうまいです！　どんな先生に会えるか楽しみです。

次の日、"十字架の丘"というところへ登りました。ここはアンティグアの町全体が見わたせて、すばらしいながめです。行く時は、途中の山道

グアテマラの楽しみはやっぱり市場！　おいしそうなものもたくさん！

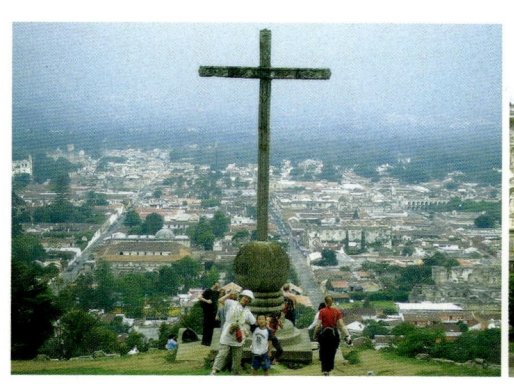

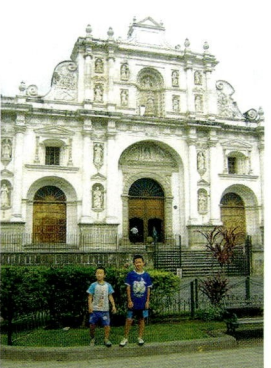

"十字架の丘"は見はらしバツグンだったよ！　　アンティグアの古い教会。

に強盗が出ることがあるそうで、警察がいっしょに登ってくれます。
夕方から雨がふりました。「グアテマラは雨季に入った」と聞きました。
グアテマラは日本のように"春・夏・秋・冬"はなく、雨季か乾季の2つしかないそうです。

第1章　出発〜中米
グアテマラ　2006/5/1 - 6/3

◎キケンなグアテマラシティ。

今日は、用事があって、バスで1時間の首都のグアテマラシティへ行きました。
乗るのはいつもの"チキンバス"。チキンバスは誰でも乗せるし、手をあげればどこでも止まって乗せてくれます。バスには、モノ売りの人が勝手にじゃんじゃん乗ってきて、売りまくります。
一番上の写真の人が売っているのは、模様が書ける定規。他にもトウモロコシやマンゴやパイン、お菓子やパンやジュース、靴下や歯ブラシやCDだってバスの中まで売りにくるよ。歌を歌ったり、キリスト教の教えを説明する人もくる。にぎやかでおもしろいよ。

　　　　　　＊　　　　＊

ところで、アンティグアやケツアルテナンゴやパナハッチェルはわりと安全だけど、今日行く首都グアテマラシティはとても治安が悪く、あぶないそうです。ボクたちはドキドキしながら、行きました。
さて、着いたところは、バス停と思えない、ただの道ばたでした。「終点だよ！」と言われたのです。そのあたりは、うすぐらくて、人がほとんど歩いていなくて、店はみんな鉄格子でかこまれていました。強盗が入ってこないように、です。ということは、強盗が多いということです。ボクたちは、そこから、なんとか歩いて、店がたくさんある明るいところに出ました。ほっとしま

バスにさっ！と乗りこんできて、模様が書ける定規を売るおじさん。

あぶない地区のお店はこんな風に鉄格子でかこんである。

アンティグアのマクドナルドは"しぶい"!?

アンティグアは馬車が似合う町だよ。

した。
郵便局で用事をすませて、サッカーの靴を買いました。そしてアンティグアに戻ろうとバス乗り場を探しました。
しかし、なかなか見つからなくて、お母さんが、道々、「アンティグア行きのバスが出るのはどこですか？」と聞いて、教えられた方向にずっと歩きました。
バスに乗ることも考えたけど、グアテマラシティの市内のバスには、かなりの確率で強盗が乗っていると聞いていたので、ボクたちは歩きました。タクシー強盗も時々あると聞いたので、タクシーにも乗る気になりませんでした。
また、グアテマラシティは他の町と違って、"バスターミナル"がないのです。バスは行き先によって、それぞれ出発する場所があって、それがどこだかわからないのです。
だいぶ歩いて、また、人に聞きました。そこは、車の工場みたいなところでした。
そこのおじさんが、とても親切に、「アンティグア行きは"70番通り"にあるよ。バスを停めてあげよう」と言って、通りに立って、バスを止めてくれました。こっちのバスは、バス停でなくても、通りでタクシーを止めるみたいに手をあげたら止まってくれます。
おじさんは、バスの運転手さんに、「この4人をアンティグア行きバス乗り場で降ろしてあげてくれ」と頼んでくれました。ほんとに親切なおじさんです。
でも、バスはさっき書いたように、強盗が乗っているかもしれないので、

見学に行った修道院跡をいかしてつくったホテルの中庭では、めずらしいコンゴウインコが見れるよ！

お母さんに「乗ると？（乗るの？）」と聞きました。
グアテマラでは、町の中心から順番に通りの名前が"1番"、"2番"、"3番"となります。となると、今は24番なので、"70番通り"まではかなり遠いということです。だから、乗ることにしました。
お母さんは「強盗は後ろにいるらしいから、前にいて。どんなに押されても絶対後ろに行ったらいかんよ」と言いました。
グアテマラのバスはとっても混んでいて、いつもぎゅうぎゅう詰めになります。前から乗って先に運賃を払うから、ぼ〜っとしてると、どんどん後ろに押されてしまいます。ボクとひかるは運転手さんの横のエンジンのところにすわって、押されても押されてもふんばって、そこから動きませんでした。
5分ぐらい乗ったら、運転手さんが、ボクの肩をポンとたたいて、「ここだよ。あれがアンティグア行きだよ」と教えてくれました。
親切なおじさんと運転手さんのおかげで、無事にアンティグアへ戻ることができました。あ〜、よかった、よかった！

◎今日からまたスペイン語学校。

ボクたちの先生はリディア先生になりました。
やさしそうな先生で、よかったです。今日は数の勉強をやりました。
パパとお母さんの先生は、リス先生です。とても楽しい先生だそうです。
ここは生徒が多くて、みんな一所懸命勉強しています。ボクたちもがんばろうという気持ちになりました。
ある日、スペイン語で足し算をやっていました。しばらくすると、外がとてもうるさくなりました。なにかなと思って窓をあけると、制服を着た中学生ぐらいの女の子が、ずらりと並んで、大きな紙や、看板を持って、大声でずっと叫んでいました。
デモだそうです。デモとは、「○○反対！」とか「○○してください！」とか意見や要求を言いながら行進することです。
先生に聞くと、中学の授業料が有料になるので、生徒が反対運動をしているのだそうです。グアテマラではいろんなデモが多いそうです。

＊　　　　　＊

夕方、キッチンに入ると、泊まっている日本人のお兄ちゃんたちが、何かをつくっていました。"ペンション田代"には、みんなが自由に使っていいキッチンがあります。聞くと、うどんをつくってるところでした。「ボクたちも手伝う！」と言って、いっしょにうどんの粉をねって、のばして、切りました。うすくのばすのはとても時間がかかり、むずかしかったです。できたうどんはとってもおいしくて、日本がなつかしく感じました。

さて、とても仲良くなったシェイラ、ダイチ、ゲンキと遊ぶのが最後の日になりました。ボクたちは明日、次の町、コバンへ出発するからです。シェイラたちは、"ペンション田代"の子どもで、お父さんが日本人、お母さんがグアテマラ人です。だから、シェイラは、スペイン語も日本語もペラペラです。弟のダイチも少し日本語がわかります。かくれんぼ、鬼ごっこ、サッカーなどをして遊びました。そして、ボクたちは、10年後、また会おう！　と約束しました。シェイラは22歳、ボクが20歳、ひかるが18歳、大地が17歳、元気が15歳になったときに！

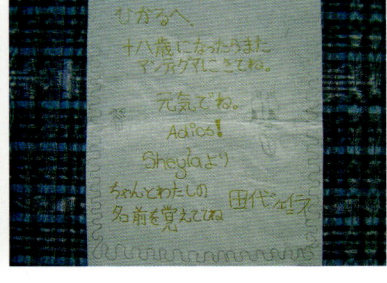

まん中がリス先生、その右がリディア先生。　　ボクたちの10年後の約束！

◎絶景のセムクチャンペイとカリブ海の町プエルト・バリオス。

コバンに来た理由はこれ（次のページの写真）。"セムクチャンペイ"です。カアボン川に広がる"川棚"です。自然が作りあげた、大自然の川のプールがいっぱいあります。色はエメラルドグリーンですごいです！　グアテマラで最も美しいと言われているところです。

第1章　出発〜中米
グアテマラ　2006/5/1‐6/3

絶景を見るためには、ジャングルを登って登って休けいして、さらに登って……。

すると……カアボン川の川棚。こんなスゴイ景色見たことない！

あとは、その川棚の天然プールで、たくさん泳いだよ！

　セムクチャンペイでたくさん楽しんだあとは、バスを3回乗りついで、6時間かけて、プエルトバリオスという町に行きました。ここは、カリブ海に面したグアテマラで一番大きい港です。また、ホンジュラスとの

国境が近くにあります。
夕ごはん食べて、帰る途中に停電になりました。真っ暗で何も見えなくなりました。すると……時々、ぴかっ！　ぴかっ！　としたものが……。
きっと、ホタルです！
ホタルはふつう"きれいな水"のところにいますが、ここには"きれいな水"はありません。あるのは、水たまり。それにゴミだらけです。でもホタルなんです。グアテマラのホタルはたくましいです！
パパが、1匹、つかまえてくれました。
「日本のホタルより小さいね」
「これはグアテマラのホタルなんだね」
お母さんにも見せました。「わ～！　きれいだね～！」とお母さんが言いました。
ホタルは逃げませんでした。ホタルを、ホテルのテラスにそっとおいて、寝ました。停電しないとホタルに気がつかなかったので、「停電もなかなかいいね」と話しました。

第1章　出発～中米

ホンジュラス
Honduras
2006/6/3-6/14

地図内の交通費はすべて4人分

- 0.5時間 ¥200
- ウッティラ島 6/7
- 1.5時間 ¥3,600
- ブエルト・コルテス 6/6
- オモア 6/3
- エルコリント
- 3.5時間 ¥1,800
- ラセイバ 6/7・6/10
- サン・ペドロ・スーラ 6/6
- 1時間 ¥520
- 1時間 ¥720
- 7.5時間 ¥4,170
- テグシガルパ 6/12
- 3時間 ¥1,130
- チョルテカ 6/13
- グアサウレ（国境）6/14
- 0.5時間 ¥480

ベリーズ／グアテマラ／ホンジュラス／エルサルバドル／ニカラグア

トラベルメモ

- 【面積】日本の3分の1
- 【人口】日本の18分の1
- 【治安】ビーチリゾートは治安いい。首都など都会がちょっときけん。夜間は出ないほうがいい。店も閉まってしまう。
- 【言語】スペイン語など
- 【お金】レンピーラ。1レンピーラ＝6円
- 【物価】安。グアテマラよりは高い気がした。
- 【行って良かったところ】ウッティラ島！（カリブ海のリゾート）、オモア
- 【宿泊費用】4人1泊 約1,000円～3,000円程度

世界の友だち

チャッピーさん

◎ホンジュラスの国境から砦の町オモアへ。

また、国境を歩いて越えるよ。
オモアは、国境からバスで1時間行った港町で、250年前に造られた砦があります。イギリスなどの海賊から守るためにスペイン人が造った砦です。また、カリブ海に面していて、海がきれいで、魚もよく釣れて、ホンジュラス人にも人気がある場所です。
魚つりをしている日本人"チャッピーさん"の"パライソ"（スペイン語で楽園のこと）という名前の宿に泊まりました。チャッピーさんのことは、アンティグアのスペイン語学校"アタバル"の掲示板で知りました。チャッピーさんは、この宿を任されていて、魚を釣ったり、ホンジュラスの人に"入れずみ"を描いたりしています。体に彫る"入れずみ"ではなくて、体に絵を描く"入れずみ"です。ホンジュラス人に人気があるそうです。
そして、チャッピーさんは、料理の天才でした。オモアにはスーパーもないのに、魔法のように日本食を作ってくれました。釣った魚で、おさしみや焼き魚で、でっかいマグロでバーベキューしたり。ボクは魚が大好きなので、とっても幸せでした！

◎またまたキケンな町へ。

今日はチャッピーさんとお別れして、サ

ホンジュラス国境

オモアの砦

↑オモアの海はホンジュラス人に人気がある。↓マグロでバーベキューしたよ。

チャッピーさん（右）のおかげで日本食をごちそうになりました。

第1章　出発〜中米
ホンジュラス 2006/6/3 - 6/14

カリブ海に浮かぶウッティラ島に到着！

ン・ペドロ・スーラという町に行きます。そこはホンジュラスで2番めに大きな町で、犯罪が多く、あぶないそうです。

でも、"ウッティラ島"というカリブ海の美しい島に行くためには、サン・ペドロ・スーラを通らないといけません。

緊張しましたが、サン・ペドロ・スーラの町は、昼間はとても活気があって、人もたくさん歩いていて、そんなにあぶないとは思いませんでした。しかし、日が沈むと、雰囲気はガラッと変わりました。あんなにたくさんあった屋台も、出店も、食堂も、スーパーも、全部閉まってしまうのです。開いているのは、外国人用の高級レストランやファーストフード店ぐらいです。

暗くなったばかりの夜7時ぐらいに、ミネラルウオーターがないことに気がついて、買いに行きました。どこかないかと探していると、へんな人が、フラフラしながら近寄ってきて、何かわめきました。こわかったです。夜は明かりも少なくて、とにかくブキミです。やっと、お酒を飲む店で、水を買って、急ぎ足で帰りました。

すばらしいウッティラ島の海！

◎ウニもカニも魚(さかな)もいっぱいのウッティラ島(とう)。

ウッティラ島(とう)へ行(い)くには、サン・ペドロからバスでラ・セイバという港町(みなとまち)へ行(い)き、そこから1時間(じかん)船(ふね)に乗(の)ります。そして着(つ)いたウッティラ島(とう)は、めっちゃキレイです〜〜！カリブ海(かい)の島(しま)は高級(こうきゅう)リゾート化(か)されているそうだけれど、ウッティラ島(とう)は、地元(じもと)の人(ひと)も住(す)んでいて、そぼくで、のんびりしているよ。物価(ぶっか)も他(ほか)に比(くら)べると安(やす)いんだって。だから、バックパッカー（リュックをしょって自由(じゆう)に世界(せかい)を旅(たび)する人(ひと)たちのこと）に人気(にんき)がある。それに島(しま)は安全(あんぜん)でいいね！
4日間(かかん)たくさん泳(およ)いで、たくさんあそんで、ラ・セイバの町(まち)にもどりました。

砂浜で仲良くなったよ。

暗くなると、カニがいっぱい。

ボクたちのホテルの部屋から、パトカーが来たのが見えた。

そこで4軒ぐらい回って、一番感じがいいホテルに泊まりました。その夜のことです。そのホテルの1階で強盗事件が起きました。大声で叫ぶ声が聞こえたと思ったら、サイレンが鳴り響いて、どうしたの？　と思っていたら、なんと、ボクたちのホテルにパトカーが来て、犯人がタイホされました。ボクはヒェ〜と、とてもびっくりしました。

◎タクシーにはメーターがない！

首都のテグシガルパもとても危険と聞いています。ここも行きたくはないけど、テグシガルパを通らないと、次の国のニカラグアには行けません。
途中は、ほとんど町がなく、ジャングルのような、緑がきれいなところをバスは通りました。大自然がそのまんまで、なんかいい感じです。でも夜になって、暗くなると、なんと、道路に明かりはなく、バスのライトだけで走りました。窓から何も見えないので、なんとなくこわい気がしました。

それに、ホンジュラスのバスは、かなりボロボロで、とても暑いのに冷房もないし、テレビもないし、音楽もありません。乗客もとてもおとなしく、バスの中はシ～～～ンとしています。

夜の9時半、やっとテグシガルパに着きました。雨が降っています。バスターミナル以外は真っ暗でブキミで、すぐにタクシーに乗ろうと思いました。

タクシーの人は「10ドル（1200円）だ」と言いました。こっちのタクシーにはメーターはありません。乗る前に、金額を交渉しなければなりません。5時間のバスが1000円で、15分のタクシーが1200円というのは高い気がしました。でも、今は雨が降っているので仕方ありません。

それに、このバスターミナルの周辺は、とてもあぶないそうです。ホンジュラスの国の問題になっている、"マラス"という貧しい青年の強盗団の基地がこの近くあるからです。ウロウロしているとあぶないのです。

タクシーには、「ホテル・プラザにお願いします」と頼みました。すると、連れて行かれたところは、プラザはプラザだけど、ちがう高級なホテルでした。

とりあえず、タクシーを降りて、そのホテルに入りました。とても感じがいいホテルでした。いくらか聞くと、79ドル（9500円）でした。やっぱり高かったです。

そこで、お母さんが、もともと行こうと思っていた"ホテル・プラザ"の住所をホテルのフロントの人に見せて、「この"ホテル・プラザ"を知っていますか？」と聞きました。

フロントの人は、「それは、セントロ（旧市街）の方です。ここからはちょっと遠いですね。タクシーを呼んであげましょう」と、イヤな顔せずに、とっても、親切にしてくれました。

またタクシーか……と思ったけど、夜だし、雨だし、荷物を持っているし、しかたありません。

お母さんがフロントの人に「タクシーでいくらぐらいかかりますか？」と聞くと、「50から70レンピーラ（300円～420円）ぐらいでしょう」と教えてくれました。だいたいの金額を知っておくと、運転手に交渉できるからです。

第1章　出発〜中米
ホンジュラス　2006/6/3 - 6/14

そして、そのホテルのフロントの人は、ドアのところにいた係の人に、「この人たちに1台タクシーを呼んであげて。行き先は旧市街の"プラザ"へ」と、頼んでくれました。

しばらくすると、タクシーが来ました。すると、すぐ、ホテルの係の人が、運転手と話をしてくれました。

さぁ、ニカラグアの国境へ！

「この4人を、セントロの"ホテル・プラザ"に連れて行ってください。いくらで行けますか？」と料金も交渉してくれて、50レンピーラ（300円）で行けることになりました。

ボクたちは、たまたま、間違ってここに来ただけで、泊まっているわけでもないのに、こんなに親切にしてくれて、涙がでるほどうれしかったです。

そしてホテルの係の人は、どしゃぶりの中を、びしょぬれになって、ボクたちの荷物をトランクに入れて、見送ってくれました。ボクは心から「ありがとうございました！」と言いました。

そして無事、旧市街にあるセントロの"ホテル・プラザ"に着きました。ここのホテルの人もすごく親切でした。緊張していたので、人の優しさがとてもうれしいです。

この町も夜にはすべての店が閉まっていました。安全のために、いつもより少し高い、3000円位のホテルです。

部屋に入っておどろきました。ボクたちは、「お風呂があるよ！　あったかいお湯が出るよ！　テレビがあるよ！　大きいベッドが3つもあるよ！」と、とってもうれしい気持ちになりました。

着いたばかりであぶないし、近くの店は閉まっていたので、夕ごはんも食べずに寝ました。でも、心はいい気持ちでした。

第1章　出発〜中米

ニカラグア
Nicaragua
2006/6/14-6/23

地図内ラベル：
- ホンジュラス
- エルサルバドル
- ニカラグア
- コスタリカ
- プエルト・カベサス
- グアサウレ
- チナンデガ 6/14
- レオン
- マナグア 6/12
- グラナダ 6/17
- ブルーフィールズ
- オメテペ島 6/20
- リバス
- ペニャ・ブランカス（国境）6/23

交通費・時間：
- 2時間 ¥780
- 1時間 ¥460
- 1.5時間 ¥650
- 2時間 ¥570
- 0.5時間 ¥1,200
- 1時間 ¥580
- 1時間 ¥780

※地図内の交通費はすべて4人分

トラベルメモ

- 【面積】日本の3分の1
- 【人口】日本の22分の1
- 【治安】首都はキケン、他はまあまあ安全。
- 【言語】スペイン語など
- 【お金】コルドバ。1コルドバ＝6.5円
- 【物価】安。グアテマラよりちょっと高め
- 【行って良かったところ】グラナダ（町が感じいい）、オメテペ島（大自然）
- 【宿泊費用】4人1泊 約1,000円〜2,200円程度

世界の友だち

レオンの安宿のおじさん。
日本語おぼえたいんだって。

第1章　出発〜中米
ニカラグア　2006/6/14 - 6/23

国境の橋は日本がつくったもの。パスポートチェックをしているところ。

◎国境の橋は日本製でした。

今日はバスでニカラグア入国です。
国境でバスを降りると、そのとたん、ガ〜〜っと人がよってきました。自転車タクシーの運転手や、両替の男の人たちです。ここから、ホンジュラスの出国とニカラグアの入国をするところまで、1キロぐらいあって、そこまで、「おれの自転車にのれ！」「いや、おれのに！」、「いやいや、おれの客だ！」とみんなで取り合いしているのです。外国人はボクたち4人と、ドイツ人のお姉ちゃんがひとりだけ。だから、余計ものすごかったです。荷物や腕を引っぱられて、もみくちゃで、ぐちゃぐちゃ。今まで越えた国境の中で一番すごかったです。
ニカラグアに入国して、またバスに乗って、チナンデガという町へ行きバスを乗りかえて、やっと今日の目的地レオンに着きました。とにかく暑いです……。
こんなに暑い中、歩いてホテルを探すのは、けっこう大変です。
ボクたちが、大きな荷物をもってウロウロしていると、英語が少しわか

ニカラグアの国境のバス。

レオンの安宿。

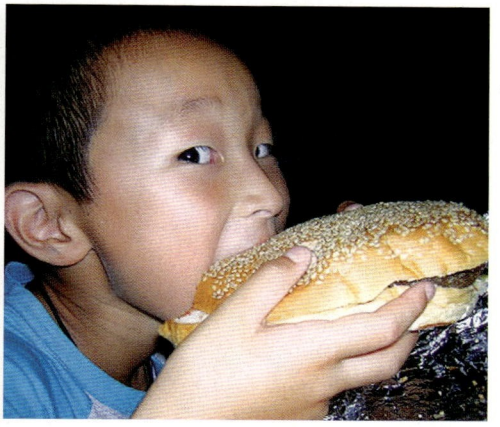

レオンで一番うまかったのはコレ↑ボクの顔よりでかいバーガー。たったの120円だよ。こっちの人にも大人気。

るおじさんが話しかけてくれ、バックパッカーに人気の宿を教えてくれました。レオンの人は、声をかけてくれる人が多くて、とても親切に感じました。

言われたところに行くと、とてもいい感じのホテルにたどりつきました。外国人がたくさんいて、大きなキッチンでは、その外国人たちが自分で料理をしていました。金額もひとり７７コルトバ（500円）でした。しかし、そこは、満員でした。ボクたちはとてもがっかりしました。

次は道を歩いている人に「どこか、この辺に安いホテルありませんか？」と聞きました。そしたら「そこにホテルがあるよ」と教えてくれました。よく見ると、小さく「カサ・デ・ビアヘ」（旅の家）と看板が出ていました。古くて、部屋はちょっとボロボロだったけど、１部屋150コルトバ（975円）と安かったです。部屋の外には、机やテレビもあって、ユラユラするイスなどもあって、感じよかったので、ここにきめました。

この町は、ホンジュラスのラ・セイバやテグシガルパやサン・ペドロ・スーラなどに比べると、安心して歩ける雰囲気でした。でもやはり夜は、閉まる店が多くて、さみしい雰囲気になります。

　　　　　　　　　＊　　　　　　　　＊

ニカラグアの人たちはみんな、ボクとひかるを見てニコニコして笑いか

第1章　出発〜中米
ニカラグア　2006/6/14 - 6/23

けてくれます。
特にひかるがモテモテでした。声をかけられるし、頭をなでなでされて、握手しようと言われたり。ホンジュラスの人はおとなしい感じでしたが、ニカラグア人は、明るくて、元気がいいと思いました。
グアテマラもホンジュラスもニカラグアも顔は似てるし、言葉もスペイン語でいっしょだけど、国が違うと、どこか違うんだなと思いました。

◎レオンからバスで古都グラナダへ。

グラナダは馬車が似合う町で、古い教会があり、ニカラグア湖にも面していて、落ち着いた感じの町でした。
土・日の夜は"観光電車"が町を走ります。音楽をハデにジャンジャンならしながら、夜の町を案内してくれます。1人6コルトバ（約40円）です。
それに、グラナダは夜でも店が開いています。人通りも多く、ほっとします。現地の人々は、夜になっても暑いので、自分の家の前にイスを持ってきて、涼んでいます。
泊まったホテルにキッチンがあったので、毎日市場で買い物をして、ごはんを作りました。ニカラグアの市場もごちゃごちゃで楽しいです。日本はこういうのがないですね。
ひとつ心配がありました。ここはとても暑いのですが、それなのに肉が切ったまま台

ニカラグアも市場が楽しいよ。

レオンの古い教会。

レオンのバスターミナル。

グラナダにも馬車が走っていたよ。

ニカラグアの古都グラナダの古い教会。

ひかるはニカラグア人によく頭をなでられた。

グラナダの観光電車。楽しくて何度も乗ったよ。

やっと見つけた、貴重な冷蔵庫がある肉屋さん。

第1章　出発〜中米
ニカラグア 2006/6/14 - 6/23

オメテペ島では馬が活躍してるよ。

の上にドカン！　と売ってあることです。
今日はホテルで肉と野菜のスープを作るので、肉を買おうと思ったけど、ハエとかがすごくて、買いませんでした。
パパが「冷蔵庫がある店を探そうよ」と言いました。でもそんな店なかなかありません。たくさん歩いてやっと、冷蔵庫がある肉屋を見つけて買うことができました！

◎オメテペ島でターザンごっこ。

オメテペ島はニカラグア湖の中にある島です。島に行く船は、すごいゆれて、水がじゃんじゃん入ってきました。着いたときには、船の中は水びたしでした。
島に着いて船をおりたら、どお〜〜っとタ

これ、何の虫？

ガチョウとも遊んだよ。

クシーの人がよってきて「乗れ！　乗れ！」といいました。お母さんはそれがとてもきらいです。

以前、こういう待ちぶせタクシーに「○○円」と言われて乗ったら、降りるときになって、「それは1人の金額だ。4人だから4倍だ」とか言われたことがあるからです。タクシーには乗らないで、そばにあった案内所に入りました。そこの人は英語がしゃべれました。その人に安くていいホテルを教えてもらって、バスに30分乗って、ホテルに着きました。

ヤッホー！ ターザンごっこ。

牛の大群と会ったよ。

ホテルは2つ大きなベットがあって、トイレ・シャワーも部屋にあって、370コルトバ（約2400円）です。目の前は海で、反対側はジャングル、そして庭にはガチョウがいます。ターザンごっこもできます。

車はあまり走っていません。こっちの人は馬に乗っています。ものを運ぶのも馬です。サルやフンコロガシや、まったく知らない変わった虫もいました。自然のままでいい島です。

第1章　出発〜中米

コスタリカ
Costa Rica
2006/6/23-7/18

ベニヤ・ブランカス
ニカラグア
1.5時間 ¥610
5.5時間 ¥1,950
リベリア 6/24
2.2時間 ¥580
1.5時間 ¥430
フォルトゥーナ 7/5
ブラジリト 6/25
サンタクルス
サンタ・エレーナ 7/2
5時間 ¥1,360
3.5時間 ¥880
オスティオナル 6/28
3時間 ¥1,050
プンタレナス 7/1
サンホセ 7/8・7/17
カルタゴ
リモン
3.5時間 ¥1,050
3.5時間 ¥2,020
コスタリカ
ケポス 7/14
7/17 パナマで乗りかえ 計4時間
パナマ
南米 エクアドルへ

※地図内の交通費はすべて4人分

トラベルメモ

【面積】日本の7分の1
【人口】日本の31分の1
【治安】観光地はとてもいい！首都のサンホセはコカコーラ地区以外はまあいい。
【言語】スペイン語など
【お金】コロン。1コロン=0.22円
【物価】まあまあ安い。他の中米の国に比べると少し高い。
【行って良かった所】ウミガメの海オスティオナル、
　　モンテベルデ、アレナル火山、カーニョネグロ、
　　マヌエル・アントニオ国立公園
【宿泊費用】4人1泊 約1,500円〜4,000円

世界で出会った スゴイ虫たち

会いたかった！
ヘラクレスオオカブトと
ネプチューンオオカブト

◎コスタリカは自然の国。

ニカラグアを出国して、コスタリカ側に入るまでしばらく歩きました。その間の道が大自然で、ハチの巣がたくさん木のえだについてました。それから、"ハキリアリ"が花びらを巣にはこんでいるところを見つけました。
コスタリカは自然をとても大切にしている国です。めずらしい虫や鳥がいるそうなので、とっても楽しみです。それとコスタリカは世界でただ一つ、軍隊を持たないと決めている国だそうです。

*　　　　　*

まず、ウミガメの産卵を見るためにオスティオナルというところへバスで行きました。
オスティオナルは、コスタリカの太平洋側に突き出したニコヤ半島にあります。ニコヤ半島には、美しいビーチがたくさんあります。その中で、オスティオナルは、なんと、バスが1日1便しかない、かなり不便なところです。
オスティオナルのことは、ホンジュラスのウッティラ島で会った青年海外協力隊の日本人から教えてもらいました。
1日1便しかないバスは、もう、めちゃくちゃ混んでいて、"おしくらまんじゅう"みたいです。その上、道がボコボコで、時々、川のような水たまりに沈没して、だいじょうぶか！　とドキドキしました。
その夜、さっそく、海にウミガメを見にい

コスタリカ国境も大自然の中。

これ、なんと思う？　正解は、バスの運転手さんが使う"おつり仕分け"スポンジ！

ガイドブックには、「オスティオナルにはホテルがない」と書いてあるけど、今はちゃんとあります！　ここは1泊1500円の部屋。

宇宙服？　いやいや、これは虫よけ服です。

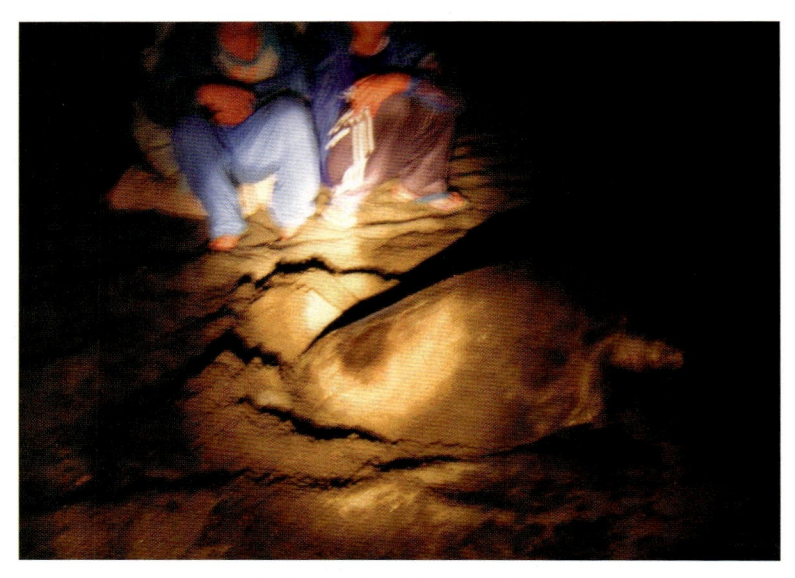

第1章　出発〜中米
コスタリカ 2006/6/23 - 7/18

やった〜！　ウミガメ発見!!

きました。ずっと待ったけど、ウミガメはあらわれませんでした。
次の日も真夜中に起きて、ウミガメを見にいきました。
でもウミガメはいません。かなしいです。
ウミガメの産卵は夜が多いそうです。でも夜のいつなのかは、その時にならないとわかりません。夜9時のときもあるし、夜中の2時のときもあるそうです。
そして、2週間に一度は、砂浜がウミガメだらけになる日があるそうです。

◎ウミガメがいた！

今日はウミガメを待って3日め。お母さんが「今晩は絶対に、ウミガメを見るよ!!　ひと晩中、砂浜でねばろう！」と気合いをいれました。
しっかり昼寝をして、食べ物も買い込んで、準備バッチリで、海へ行きました。夜の7時ぐらいからずっとウミガメを待ちました。
日本人のお兄ちゃんに会いました。アメリカの大学に行っていて、今、

オスティオナルの海。とってもキレイだよ〜。

夏休みで、旅行しているそうです。やはり、ウッティラ島で、オスティオナルのウミガメのことを聞いてきたそうです。
パパは海の近くの砂浜を何キロも歩いて探しました。でも何時間探してもウミガメはいません。もうウミガメはあきらめよう、と思った時、ボクたちのすぐ真横、5メートルほどのところに、なんとウミガメが1頭いたんです!!
なんだか信じられません。いつの間に来たのでしょう。びっくりです。パパは海に近いところを探していたけど、ウミガメは海からこんなにはなれた砂浜まで上がってきていました。
みんなで、「わ〜〜すごいね!!」と、ウミガメが卵を産むのを、真剣に見ました。そして、産み終わると、ウミガメは卵を産んだ穴に土をかけて、一所懸命に固めていました。後ろ足で、丁寧に丁寧に固めて、卵を埋めたことがわからないように、砂をかけてならしました。
それから、そのウミガメは海に向かって帰っていきました。でも、真っ暗なので、ウミガメは、岩がたくさんあるところを通ってしまい、岩に「ゴツン！ゴツン！」とぶつかっていました。それはすごい音でした。と

59

第1章　出発〜中米
コスタリカ 2006/6/23 - 7/18

ても痛そうでした。
あんまりぶつかるので、ケガをしそうでかわいそうになって、向きだけ変えてあげようと、パパがウミガメを持ち上げました。すると、ウミガメがとてもいやそうに足をバタバタしていました。ウミガメのあまりの力に、ちょっとしか動かせませんでした。ウミガメをおろすと、パパは「とても、重かったー!!」と、言っていました。
結局、このウミガメは岩にゴンゴンぶつかりながら、休みながら、またぶつかって、休んで、帰っていきました。ちゃんと海まで戻るまで30分以上かかりました。海に入って、スーっと泳ぎだしたとき、ボクたちはみんなで「バンザーイ」と喜びました。

◎モンテベルデ自然保護公園へ。

ここは、コスタリカの珍しい虫や鳥が見れるところです。標高が800〜1300メートルで、いつも雲におおわれて、しめったジャングルです。
ここはボクが見たい、めずらしいまぼろしの鳥"ケツアール"とカブトムシの王様"ヘラクレスオオカブト"がいます。
一番うれしかったのはヘラクレスオオカブトをさわったこと。

ゴンドラでジャングル探検。

日本では見れないハチドリもたくさんいる。

ヘラクレスオオカブトをさわったよ。でかっ!

なんてキレイなチョウ!

タランチュラもいたよ。

グリーンイグアナもいる。

一番くやしかったのは、ボクだけ、幻の鳥といわれているケツアールを見なかったことです。
「あ！　ケツアール！」と言われて見たら、もう飛び立ってしまいました。

◎アレナル火山は溶岩が落ちてくる。

フォルトゥーナは、アレナル火山という活火山の国定公園の町で、夜は火山から流れ出る真っ赤な溶岩（地下のマグマが溶けて出てくるもの）が見れるところです。また、温泉があることでも有名です。だから、フォルトゥーナに着いたら、硫黄のにおいがしました。
ここでもバスから降りると、たくさんのホテルの客引きがいっせいに来ました。そのひとりが、「ひとり７ドル！」と言ってきました。「高いな～」という顔をすると、「４人で20ドル」と言ってきました。それでも、「高いな～」という顔をしたら、15ドル（1800円）になりました。
「じゃあ、まず、見るだけ」、と言ってホテルを見にいきました。町の

アレナル火山の町フォルトゥーナに到着！

第1章　出発〜中米
コスタリカ 2006/6/23-7/18

大通りからちょっとだけ離れているけれど、アレナル火山がよく見えて、2段ベッドと大きなベットの部屋で、テレビもあって、お湯のシャワーが出ました。水シャワーのところが多いので、お湯が出るだけでうれしいです。ここに泊まることにしました。
この町も有名な観光地なので、外国人が多く、おしゃれなレストランがたくさんありました。
でもボクたちが泊まっているホテルには、共同のキッチンがあるので、自分たちでつくります。ボクはごはんをナベで炊けるようになりました。
火山を見にいきました。ふもとまで車で行って、あとはガイドさんといっしょに山を歩きます。途中、サルが何匹もいました。虫もいろいろいました。そして、火山が一番よく見えるところに着きました。火山に近づけるのはここまでです。なぜなら、火山はガスが出ているからです。これ以上近づくとあぶないのです。ここでじっと待って、待ちに待った「溶岩」が落ちてきました。ああ、真っ赤できれいです。すごいです！
溶岩のあとは、川の温泉にいきました。ああ〜、ごくらく、ごくらく！

◎首都サンホセにはサッカー場がいっぱい！

コスタリカの国技はサッカーです。だから、とてもサッカーがさかんです。どんな小さな村にも、"しばふ"のサッカーグラウンドがあって、ゴールまであります。だれでも自由にサッカーができます！
首都サンホセの公園は、かなり広いです。ゴールも20ぐらいあります。馬に乗った警察官が、公園の安全パトロールをしてくれています。
コスタリカには、他にも、自然を守っている国立公園がたくさんあります。
本当に、どこも整備されていていいです。入場料はかかるけど、とってもキレイだし、安全です。
ボクたちが他に行って良かったところは、カーニョネグロ国立野生保護区（アレナル火山の町から日帰りツアー）です。
ここはニカラグア国境の近くで、カーニョネグロ湖へ流れるフリオ川をボートに乗って下ります。まわりは木がたくさん茂ったジャングル。こ

さあ、溶岩が見えるところに行くよ。　　　火山の恵みの温泉でごくらく、ごくらく！

見えた!!　真っ赤な溶岩（写真には写らなかったけど）

ごはんはできるだけ自分たちで作ります。 　　コスタリカにはどんなに小さな町でもサッカーグランドがある。 　　サンホセの公園をパトロールするのは馬に乗った警官。

第1章　出発〜中米
コスタリカ　2006/6/23 - 7/18

カーニョネグロツアー。ジャングルの中をボートで探検するよ。

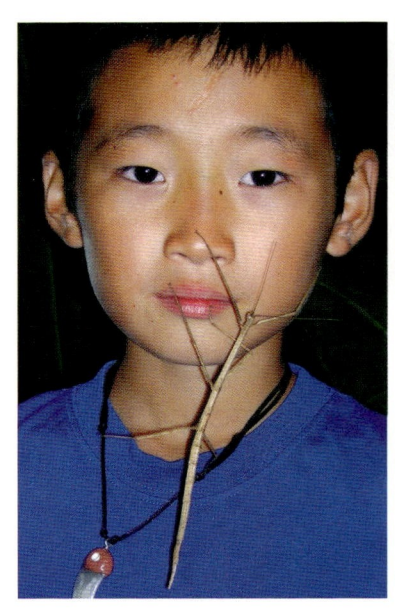

イグアナだらけのスゴイ木。

これ、枝じゃないよ！ フナムシ。英語では"ウォーキング・スティック"（"歩く棒"って意味だよ。

へえ〜パインってこんな風にできてるの？

こは、すごい野鳥に出会えるんだよ！　サルやワニもた〜〜くさん！
マヌエル・アントニオ国立公園（サンホセから直行バスあり。3時間半）。
ここは、サルや、ナマケモノや、イグアナがいるジャングルと、すっごいキレイな白砂の海の両方が楽しめるところです。
国立公園に入らなくても、その手前の海が、じゅうぶんキレイで、タダで、コスタリカ人がいっぱいの元気なビーチです。国立公園の中は、さらにキレイで、静かに海を楽しめるよ。
でも、サルには注意！　ここのサルはめちゃくちゃかしこいんだ。砂浜に置いていたバックの中の、奥に入れていた、リッツ（クラッカー）を持っていかれちゃったよ。その時、ひかるが見つけて、「あれ〜、あのサル、何してるの？」と思って見ていたら、人間がするように、リッツの箱をちゃんとあけて中身だけ持っていった。すごすぎる！

第2章　南米

エクアドル
Ecuador
2006/7/18-8/11

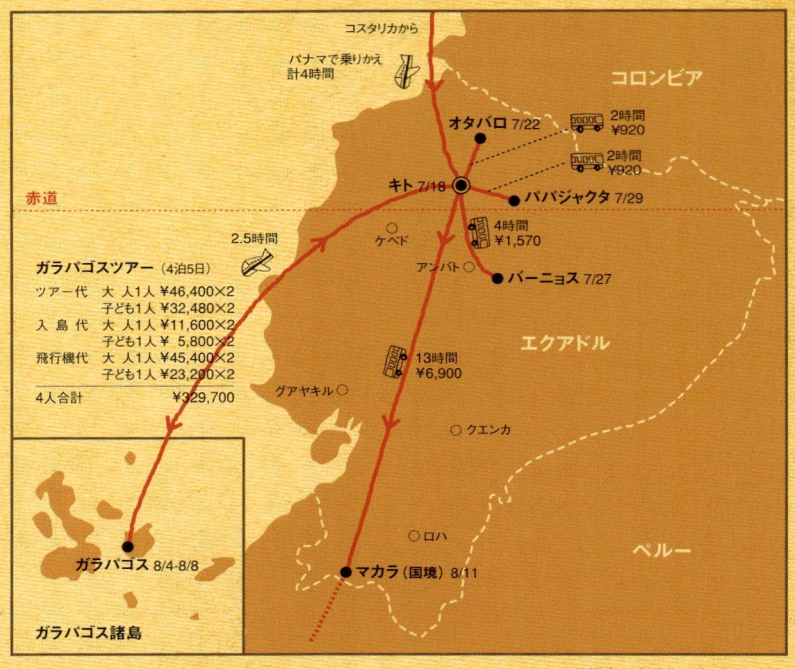

コスタリカから
パナマで乗りかえ
計4時間

コロンビア

オタバロ 7/22　2時間 ¥920

赤道

2時間 ¥920

キト 7/18　パパジャクタ 7/29

2.5時間

ケベド

4時間 ¥1,570

ガラパゴスツアー（4泊5日）
ツアー代　大人1人 ¥46,400×2
　　　　　子ども1人 ¥32,480×2
入島代　　大人1人 ¥11,600×2
　　　　　子ども1人 ¥5,800×2
飛行機代　大人1人 ¥45,400×2
　　　　　子ども1人 ¥23,200×2
4人合計　　　　　 ¥329,700

アンバト

バーニョス 7/27

エクアドル

13時間 ¥6,900

グアヤキル

クエンカ

ロハ

ガラパゴス 8/4-8/8

マカラ（国境）8/11

ペルー

ガラパゴス諸島

※地図内の交通費はすべて4人分

トラベルメモ

【面積】日本の4分の3
【人口】日本の9分の1
【治安】昼間はOK。旧市街の夜は出てはダメ
【言語】スペイン語など
【お金】アメリカドル。1ドル＝116円
【物価】安い。現地食1ドル（120円）程度
【行って良かったところ】世界遺産キト旧市街、
　赤道、ガラパゴス
【宿泊費用】4人で1泊 約750円程度

世界の友だち
リカルド　ルーベン

◎エクアドルは赤道直下の国！

　エクアドルの首都キトの空港に着くと、すぐにタクシーに乗りました。なぜかというと、夜だからです。ぼくたちが行こうとしている旧市街の"ホテル・スクレ"の周辺は、特にあぶないと聞いていました。
　キトには"新市街"と"旧市街"があります。旧市街は400年の歴史があって大切に保存されていて、街全体が世界遺産に登録されています。とてもきれいです。でも夜は治安が悪いのです。その点、新市街は夜まで店も開いていて、人も多く、安全です。
　その旧市街の"ホテル・スクレ"は、日本人が集まる場所です。これから南米を旅するために、いろんな情報がほしいので、どうしてもそこに行きたいと思っていました。
　そして、タクシーはホテルに着きました。運転手さんも「この辺は夜はとても危険だから気を付けてね」と何度も言います。ボクはとてもブキミでした。本当に店は全部閉まっていて暗くて、大きな広場には人っ子ひとりいません。車も通らないし、音もなくし〜〜〜んとしています。

　　　　　　　＊　　　　＊
　エクアドルはスペイン語で「赤道」のことです。
　そう、エクアドルは赤道直下の国です！でも、標高が2850メートルもあるので、一年中"春"のような気温です。昼間は半そ

夜のサンフランシスコ広場はとてもきれい。しかし、夜9時を過ぎると歩いてはいけない。

昼のサンフランシスコ広場。昼間は安全だよ。

クロワッサン1コたった8円！ でっかいケーキも500円で買える。

キトの旧市街の町並み。

第2章　南米
エクアドル 2006/7/18-8/11

エクアドルの市場も面白い！　なんでもあるよ！

↑これ、アイスクリームじゃないよ。とけない生クリーム。よく売ってるからきっと人気あると思う。味はひかるに聞いて！

これはブタ!?

カットフルーツの上にアイスクリームをのせる。めちゃデカ。1ドル（116円）。

バナナを焼いてるよ。

中華料理も1食1ドル（116円）で食べられるよ。

でで、夕方になると上着がいります。おどろいたのは、ボクが階段をいつものように走って上ると、心臓が"バクバク"したことです。標高が高いということは、空気がうすくなるのだそうです。
"ホテル・スクレ"にはたくさん日本人がいました。みんな長い旅をしている人が多いです。自転車でアラスカからここまで来たお兄ちゃんお姉ちゃんもいました。バイクの人はいたけど、自転車だなんて！びっくりです！

◎子どもを支援する施設に行ったよ。

今日はお母さんが協力している"プラン・インターナショナル"というボランティアの事務所に行って、子どもプロジェクトの施設を訪問させてもらいました。そこには、お父さんお母さんがいなかったり、親がいても貧しくて育てられなくなって施設にあずけられた子どもたちがたくさんいました。
ここの子どもたちはめちゃくちゃすごくて、自分たちで木のパズル、木の車のおもちゃ、ネックレス、ミサンガなど作っていました。少し大きい子どもは電気ドリルでとても上手に木を切り、使い方を他の子どもに教えていました。
ボクより少し背が小さい男の子が、できたばかりのミサンガをくれました。他の子が、できたばかりの木のパズルと、木の車のおもちゃをくれました。パンやクッキーも作ります。子どもなのにみんなすごいです。

"旧市街"の昼間は、警察の人がちゃんとパトロールしてるから安心。みんな犬を連れてます。でかくて強そうで、かしこそうな犬だった。

"プラン・インターナショナル"を訪問したよ。

木と電動のこぎりを使って、おもちゃやパズルを作っている↓↑

第2章　南米
エクアドル 2006/7/18-8/11

とっても元気な、施設の子どもたち。

こうやって、どんどん作って練習して、上手になって、仕事にして、自分の力で暮らしていけるようになるためです。
パパが施設の子どもたちに、空手のまねをすると、みんなよってきて、空手教室になりました。子どもたちは"カラテ"や"ブルース・リー"や"ジャッキー・チェン"などを知っていて、みんな好きみたいです。
　　　　　　＊　　　　＊
ボクは11歳の誕生日をキトでむかえました！　町中のケーキ屋さんに行って、一番おいしそうで、きれいで、大きなケーキを6ドル（720円）で買いました。そして、ホテル・スクレにいる人たちがみんな歌ってお祝いしてくれました。とってもうれしかったです。

パンを作る練習もするよ。

パパは施設の男の子に空手を教えたよ。

◎夢のガラパゴスツアー！

「赤道」に行きました！🚌を乗りかえて1時間ぐらいで行けます。
"ここが赤道である証拠"の実験をするところもあったよ。

＊　　　＊

さて、ボクとひかるが一番行きたい"ガラパゴス諸島ツアー"がやっと決まりました。
今は一番いい季節で、とても混んでいて、なかなかとれなかったのです。
ツアーは4泊5日で、飛行機代と入島料を入れて、4人あわせて33万円ぐらいです。ガラパゴスツアーはとっても高いです（でもこのツアーは安い方です）。それは、その自然がこわされないようにたくさんの人の手で守っているからだそうです。そして、ボクたちが一番楽しみにしているから、大ふんぱつです。
さあ、待ちに待ったガラパゴスツアーの始まり始まり～！
ガラパゴス諸島は、本土から西に約965キロメートルの太平洋上にあります。飛行機で2時間半ぐらいです。

まん中の赤い線が赤道。

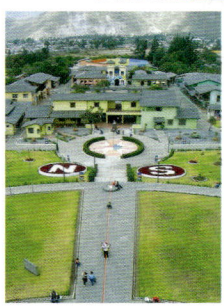

↑生卵がクギの上に立つ！これも赤道の証拠なんだって！
←これが上から見た赤道。左側の"N"が北半球、右側の"S"が南半球だよ。

第2章　南米
エクアドル　2006/7/18-8/11

仲良くなったイスラエル人家族とエクアドル人家族。

みんなと仲良くなれてうれしかった！

ガラパゴスゾウガメ。でかいけど、かわいいよ。

夜はホテルで鬼ごっこ。

赤道が通っているけど、フンボルト海流の影響で海は冷たくてキモチいいよ！　昼間は暑いけど、夜は涼しくて過ごしやすいよ。
ホテルは、プールもあって、部屋もちょ〜きれい！　夜はツアーの子どもたちと鬼ごっこして仲良くなりました。
毎日船で、進化したいろんな動物たちに会いにいったよ。ここの動物たちは、そっと近づけば逃げないんだ。だから、しっかり観察できて、とってもおもしろいよ。
ガラパゴスでの5日間は夢のようだった。ボクはここにもう一度来たいな！

アシカは人なつっこいよ。いっしょに泳いでくれることも。

すごいでしょ！海はエメラルドグリーン。

これはガラパゴスアメリカグンカンドリ。

陸イグアナはサボテンを食べる！　60年も生きるって！　すごくない？　本当に恐竜みたいだなあ……。

こっちは海イグアナ。海にもぐって、海藻を食べるんだよ。すごい進化だね。

ガラパゴスアシカのかわいい寝顔。

サボテンも進化してる！

第2章　南米
エクアドル 2006/7/18-8/11

◎いざ、ペルーへ！

ガラパゴスからキトへ飛行機で戻りました。キトのホテル・スクレに戻ると、リカルドが元気良く迎えてくれました！
ボクはスクレが大好きです。ボクもスクレのようなホテルをつくりたいです。スクレのみんなありがとう！
さぁ、エクアドルを出発、ペルーとの国境の町へ向かいます。
ルーベンとリカルドとお別れするのがとてもさびしいです。ボクは、ルーベンに、ひかるはリカルドに、ミサンガを作ってプレゼントしました。ボクたちのこと忘れないでね。

エクアドルには温泉もある。パパジャクタ温泉はキトからバスで2時間。

ホテル・スクレのみんな。

エクアドルで見つけた"すし定食"。巻きずしの中身はマンゴだよ。

第2章　南米

ペルー
Peru
2006/8/12-8/24

地図内の情報：
- マカラ
- 4時間 ¥1,620
- ピウラ 8/12
- エクアドル
- コロンビア
- イキトス
- ペルー
- ブラジル
- トルヒーヨ
- 12.5時間 ¥14,400
- 20分 ¥4,170
- マチュピチュ 8/19
- 1.5時間 ¥20,400
- リマ 8/13
- アグアスカリエンテス
- オリャンタイタンボ 8/17
- 7時間 ¥13,600
- クスコ 8/17
- 2時間 ¥720
- ナスカ 8/15
- 14時間 ¥17,200
- 6.5時間 ¥5,040
- ティティカカ湖
- アレキパ
- プーノ 8/22
- コパカバーナ
- （湖の国境）
- ボリビア
- 4時間 ¥4,890

※地図内の交通費はすべて4人分

トラベルメモ

【面積】日本の3.4倍
【人口】日本の4分の1
【治安】いつでも注意要。後ろも確認すること。
　　　首しめ強盗、夜行バス強盗にも注意のため、
　　　一番高級なノンストップを利用した。
【言語】スペイン語など
【お金】ソル。1ソル＝36円
【物価】安い。
【行って良かった所】ナスカの地上絵、
　　　クスコ、マチュピチュ、プーノ、ウロス島（ティティカカ湖）
【宿泊費用】4人で1泊　約1,000〜1,800円程度（もっと安い
　　　のもあるが安全のため）

世界の友だち

彼は有名なグッバイボーイ。
ひかると同じ8歳。

第2章　南米
ペルー　2006/8/12-8/24

◎なんばしよっとぉ！

エクアドルとペルーの国境の町、マカラに着きました。それからバスで国境を越えて、ペルーのピウラまで行くバスに乗ります。

国境はマカラから10分ぐらいのところにありました。ボクたちはパスポートを持って降りて、エクアドル出国のところに並びました。

そこは、制服を着た男の人がひとりだけで、ものすご～く待たされました。何をしているのか、全然すすみません。その上、電話がかかってきたり、他の人が話しかけたりして、全然すすみません。ボクはイライラして、なんばしよっとぉ！　と言いたくなりました。

　　　　　　　　　　　　＊　　　　　　　　＊

ペルーはバス会社がたくさんあって、金額も安いのから高いのまで、いくつもあります。安いバスは、バスが古くて、途中でたくさん停まって人を乗せながら行くので、時間もかかります。

安いバスの一番こわいことは、だれでも乗せるので、強盗が途中から乗ってくる可能性があることと言われています。特に夜行バスの夜は危険なので、ここペルーでは"超最高級"バスに乗ることにしました。

バスは"クルス・デル・スール"という会社のバスで、２階建てでとてもきれいです。それに、バスのキップには、名前とパスポート番号が書かれていて、乗る前には、ちゃんと本人かどうかパスポートで確かめます。預ける荷物には荷物用キップがあるし（普通はないことが多い。だから盗られることも多い）、乗客全員の顔をビデオ撮影します。もちろんトイレつきで、食事も出ます。途中で止まることは、バスターミナル以外ではありません。

というわけで、ピウラからリマまでは約12時間半のバスの旅です。

朝8時、時間通りにペルーの首都リマに到着しました。

"超最高級"バスだったので、ぐっすりねむれました。

◎宿オキナワ。

バスターミナルからは、通りに出て、世界遺産に登録されているセント

ロ（旧市街）の方面に行くバスに乗りました。
そのバスの車しょうさんに、お母さんが「町の中心のアルマス広場の近くで降りたいので教えて下さい」と頼んだら、バスに乗っているお客さんたちが5人ぐらい、いろいろ心配して話しかけてくれました。
それは、このバスはセントロ（旧市街）を通るけど、アルマス広場は通らないこと。だから、バスを降りた場所から、4ブロックほど歩かなくてはならないということです。でもひとりのおばちゃんが、「私がアルマス広場の近くの教会に行くから、案内しましょう」と言ってくれました。
おばちゃんといっしょにバスを降り、歩きました。その道は、人通りがないさびしい通りで、おばちゃんは何度も「荷物に注意をしてね」と言いました。このさびしい道を心配してくれて、いっしょに歩いてくれたおばちゃん、ありがとう。「ペルーは強盗やひったくりが多いからね。私もバッグはこうやって前にかかえるのよ」とおばちゃんは言いました。
目指す"宿オキナワ"は広場の近くにありました。ここは、50年前、夫婦で沖縄からペルーに移住してきた名幸さんというおじいちゃんがやっている宿です。ペルーには、そんな日本人が多くいるそうです。とてもキレイで広い部屋を、1人で1泊25ソレス（800円）で、子どもはタダでいいよ、と言ってくれました。ラッキー！

ペルーの国境に着いたよ。

超最高級バス。2階建てだよ！

乗客の顔をひとりずつビデオで撮影するんだよ。

バスでごはんが出たよ。

"宿オキナワ"の快適な部屋。

第2章　南米
ペルー　2006/8/12-8/24

ペルーの首都リマには大きな中華街があったよ。中華料理ってどこにでもあってスゴイね。

◎首しめ強盗にご用心！

"宿オキナワ"には、日本人が何人か泊まっていて、話しました。また、パパとお母さんは、"情報ノート"を読みました。ペルーとボリビアは特に"首しめ強盗"が多いと聞くので、注意が必要だからです。
"情報ノート"というのは、世界を旅している人たちが、次に来る人たちのために、自分が持っている情報を書き残していくノートです。
ノートには、"首しめ強盗"にあった人たちが、おそわれた時の状況などが詳しく書いてありました。
他にも、おいしい日本食のレストランや、ペルーの有名な観光地のナスカやクスコ、

食堂のメニュー。定食が4ソレス（132円）で、いくつも種類が選べる。しかも、めちゃうま。

CD屋さん。　　　　　　　　　　　ふかしいも屋さん。うまい〜〜。

マチュピチュなどへの"安全で安い"行き方などが書いてあります。本当に、頼りになるノートです。
それから、"首しめ強盗"とは、うしろから近づいて、いきなり首をしめて、気を失なわせ、体に隠し持っているお金やカメラをとる強盗グループです。ペルーやボリビアだけでなく、中南米はどこでもいるのだそうです。だから、うしろにも気をつけないといけません。
リマもこの旧市街は世界遺産で、古くて美しい建物や教会がたくさんあります。
ボクたちはリマに3日滞在して、町を歩くときは緊張しましたが、こわいことはありませんでした。

◎ナスカの地上絵を見たよ。

リマからバスで7時間、ナスカへ向かいました。
この辺は、"海岸砂漠地帯"というそうで、雨が降らないそうです。なんと、バスから見た家々の中には、"屋根がない家"があってビックリしました。
そして、いよいよ有名なナスカの地上絵です。
地上絵は、セスナという小型の飛行機で見ることができますが、ぐるぐる回転して、普通大丈夫の人でも"酔う"そうです。ボクはすぐ"酔う"ので、セスナはやめて、ミラドール(展望台)からにしました。
"木"と"手"の一部が見えました。とっても大きいです。それに、とて

第2章 南米
ペルー 2006/8/12-8/24

ナスカの"木"の地上絵の一部。

ミラドール（展望台）に登ってナスカの地上絵を見たよ。

地上絵を石にほって売るおじさん。

も「うすい」です。消えそうです。風がふけば、砂でふきとびそうなぐらいです。雨が降れば流されてしまいそうです。

でもここは雨が降らないから、こうして、残っているんですね。それにしても、千何百年もの間、残っているなんて、本当に不思議です。どうやって、だれが描いたのでしょう（雨が降ることを祈って描かれたとも言われています）。

◎インカ帝国時代の首都クスコ。

ナスカの次は、クスコへ。"高級"バスで18時間。
夜行バスは翌日昼に着きました。まず駅へ行き、マチュピチュへ行く列車のキップをとりました。今は、観光客が多いシーズンだからです。
駅でひたすら、1時間も待ちました。
待合室は待っている外国人でいっぱいでした。ひとりひとりのお客さん

にとても時間がかかっていました。キップを売るのに、なんでこんなに時間がかかるの？　と思いました。

クスコはインカ帝国の首都だったところです。標高が3360メートルもあって、空気がうすいし、とても寒いです。クスコの中心のアルマス広場の近くには、1000年前から400年前まで栄えたインカ時代の石かべや石だたみが残っていて、いい雰囲気です。

◎天空の城マチュピチュへ。

そして、いよいよ世界遺産マチュピチュへ。まず、クスコからバスと列車に乗って、アグアスカリエンテスという小さな温泉の町に行きます。そこに泊まって、翌朝、マチュ

クスコの中心、アルマス広場。

宿はアルマス広場の近く。

インカの都クスコのりっぱな教会。

第2章　南米
ペルー 2006/8/12-8/24

ピチュ行きバスで山を登りました。マチュピチュというのは、インカ時代の都市の遺跡で、攻めてくるスペイン人から逃げるために作ったヒミツ基地のような場所。そして、スペイン人に攻めこまれなかったので、インカ時代のそのままで残っているから、とても貴重なんだそうです。
まるで空中に浮かんだように山の上にあります。
遺跡の中に入りました。ぜ～～んぶ石でできてます。部屋があって、広さもいろいろです。この部屋が家なんだそうです。真ん中には広場があります。けっこう広いです。石かべは高くて、迷路みたいで面白かったです。ここに住む"リャマ"と追いかけっこしました。

クスコは石だたみが多いよ。

マチュピチュに一番近い町アグアスカリエンテス行きの汽車。

空中に浮かんでいるみたい。世界遺産のマチュピチュ。

入場料が少し前に値上がりして、大人4260円（子どもは1080円）です。ペルーの物価は1食130円ぐらいなので、かなり高いけど、さすがにゴミひとつなく、きれいです。

マチュピチュからアグアスカリエンテスへ帰るバスで、すごいおもしろいことがありました。それは1人の緑の服を着たペルー人の男の子。

バスが出発してすぐ、バスの中のボクたち観光客に、「グッバーイ」「アディオース」「サヨーナラ」って手を振るんです。で、それから、何度も何度も何度も、バスが通る道にさっきと同じ子が現れては、また「グッバーイ」「アディオース」「サヨーナラ」って言う。バスより速いんだよ。山の中をガッ〜っと下りてるってことだよね。めっちゃすごい！　しんじられん！　おまけに彼は靴ではなく"ぞうり"をはいている。バスの乗客はみんなめちゃめちゃ感動して、アグアスカリエンテスに着くと、その子をバスに乗せて、チップをたくさん渡しました。

いきなりリャマが出てきてびっくり。

彼が"グッバイボーイ"。ひかると同じ8歳だよ。

彼のような子を"グッバイボーイ"と呼ぶそうです。ガイドブックに載っているくらい有名ですが、実際に目の前で見ると、めちゃめちゃすごいんです。子どもたちがチップかせぎばかりして学校に行かなくなったから、2003年に禁止されたそうだけど、しっかりつづいていました。

第2章　南米
ペルー　2006/8/12-8/24

◎富士山より高い湖、ティティカカ湖へ。

今日は朝5時に起きて列車とバスに乗り、クスコに戻ってきました。

そしたらパパが高山病になってしまいました。高山病とは、きゅうに標高が高いところに行ったときになる病気で、頭が痛くなり、吐き気がして、体がきつくなったりします（クスコは標高が3360メートル、マチュピチュの遺跡は2300メートル、アグアスカリエンテスは1800メートル）。ボクたちは、大丈夫でした。パパをおいて、インカの石組みがつづくロレト通りを見にいきました。この石壁は、"カミソリの刃一枚も通さない"といわれるほど、きちんと組まれていて、接合剤も使わず、何百年もの間、3度の大地震にもビクともしなかった石の壁です。四角い石が多いけど、なんとここには"12角の石"があるんです！

次はクスコからバスでプーノへ。世界一高い湖、ティティカカ湖の町へ行きます。

標高がさらに高く、3855メートルもあります。富士山より高い湖です。でも寒さにも、空気のうすさにもなれました。

ティティカカ湖は、ペルーとボリビアにまたがっています。そして、この湖にはいくつも島があります。その中の1つ、"ウロス島"にボートで行きました。

インカの石かべが残るロレト通り。

"12角の石"見つけた！

"トトラ"で教会も家もつくるんだよ。

ティティカカ湖に浮かぶウロス島。

これがウロス島が湖に浮かぶ理由の"トトラ"。中がスポンジみたいだった。

"トトラ"を干して家や船などを作ります。

ウロス島の子ども。

"トトラ"でできた教会の中。

第2章　南米
ペルー　2006/8/12-8/24

　ここは"トトラ"とよばれる葦の草でできた島です。船で島まで行って、島を足で踏んだときはびっくりしました。フワフワです。そして、歩くたびにちょっと湖に沈む感じです。ボクはおもしろくて飛びはねました。家はもちろん、学校も病院も教会も、ぜ〜〜んぶ、この"トトラ"で作っています。オドロキです！
　もちろん"トトラ"でできたウロス島は、少しずつ、沈みます。そしたら、また"トトラ"を積み重ねるんだそうです。なんかスゴイです！
　次は湖にある国境を🚌と⛴で越えてボリビアに入ります。

第2章　南米

ボリビア
Bolivia
2006/8/24-9/6

地図:
- リベラルタ
- ブラジル
- ペルー
- ティティカカ湖
- 3時間（ロードブロックにあい7時間かかる）¥1,460
- コパカバーナ 8/24
- ラ・パス 8/25
- 3.5時間 ¥870
- コチャバンバ
- ボリビア
- オルロ 8/30
- サンタクルス
- 7時間 ¥2,270
- スクレ
- ウユニ塩湖
- ウユニ 9/1
- 8.5時間 ¥2,750
- チリ
- ビジャソン(国境) 9/6
- ラ・キアカ
- 徒歩20分
- アルゼンチン
- パラグアイ

※地図内の交通費はすべて4人分

トラベルメモ

【面積】日本の3倍
【人口】日本の14分の1
【治安】昼間はOK。夜は要注意。デモ、ストライキ多い。
【言語】スペイン語など
【お金】ボリビアーノ。1ボリビアーノ＝14.6円
【物価】南米一安い。現地食定食60円からある。
【行って良かったところ】ラ・パス、ウユニ塩湖
【宿泊費用】4人で1泊　約1,000円程度

世界の友だち

ウユニの旅行会社の人の子ども。
ゲームしてあそんだよ。

第2章　南米
ボリビア　2006/8/24-9/6

ティティカカ湖につき出した半島にある町コパカバーナ。

◎ボリビアは南米で一番物価が安い。

ボリビア側の国境は、コパカバーナという町です。

ホテルはボクが見つけました。45ボリビアーノ（670円）。とっても安いです。ボリビアは南米の中でも一番物価が安いそうです。

ティティカカ湖を足ボートに乗って探検したり、ティティカカ湖でとれる魚"トルーチャ"（マス）を食べたりしました。

それから、町を歩いていて、きれいなネックレスや指輪を作って売っている人のところで、お母さんの誕生日のお祝いに、きれいな指輪を買いました。お母さんはとても喜んでくれました。

そのあと、ホテルの近くで、"ミサンガ"を作って売っている人に頼んで、

コパカバーナの大聖堂

コパカバーナの町並み

ミサンガの編み方を教えてもらいました。また新しい編み方をマスターしたよ。上手ってほめられたよ。

◎石ころで通せんぼ。どうして!?

コパカバーナを出て🚌でボリビアの首都ラ・パスへ向かいます。
バスが出発してたった10分しか走っていないのに、山の中で、急にバスが停まりました。よく見ると、何台ものバスが停まっていました。
なんにもないところで、何で？と思ったら、道路に石がたくさん落ちていました。
"がけくずれ"かと思ったら、そうではありませんでした。トラックにつんでいた石が落ちたようです。
それなら、みんなで"石を拾う"とか"どかす"とかすればいいのに、だれもそうしません。パパがどけようとしたら、現地の人に「やめろ！さわるな！」となぐられそうになりました。なにがなんだかわかりません。
そのうち、現地の人たちがずらっと並んで手をつなぎ"通せんぼ"されてしまいました。
たくさんの外国人が、乗ってきたバスをあきらめて、荷物を担いで山越えをして行きました。標高3820メートルで空気がうすいのに、荷物を持って山越えだなんて、ボクたちにはとてもできません。だから、待つしかありませんでした。

石がばらまかれた道。　　　　　　　お願い！通して〜

第2章 南米
ボリビア 2006/8/24-9/6

バスの人は、「警察を呼んでるから」とか「もう少しで通れるから」と言うけど、警察も来ないし、待っても待っても通れませんでした。
そんなこんなで……解決したのは、4時間後でした。
あとで知ったことですが、これは"ロードブロック"といってデモのようなものだそうです。何を要求しているのかわかりませんでしたが、お金（通行料）を要求するために、わざと石をばらまくそうです。ボクたちは、要求されませんでした。でも、とってもおどろきました。ボクには理解できないです。
4時間もおくれたので、首都のラ・パスに着いたのは、夜でした。トイレにも行けず、ごはんも食べられず、へとへとでした。それなのに、ちょうどいいホテルがなくて、探し回りました。つらかったです。
ラ・パスは標高3650メートルです。寒いです。でも、とてもにぎやかな町です。道路までお店であふれています。というか、店は道路にじゃんじゃんはみだしています。バスがその間をぬって走ります。夜は屋台だらけです。とってもおもしろい町です。

◎世界一の"塩の湖"は真っ白！

ラ・パスからバスと列車でウユニへ。
今日は世界一大きい塩の湖、ウユニ塩湖に行きます。

ラ・パスは高い山に囲まれている。

ラ・パスの町は、人も車も店もあふれていてにぎやか。

ラ・パスの乗り合い車。

乗りすぎ？ 車がかたむいてるよ。

交差点で車が止まった時に、車の前でおどりを見せる少年。おどったあと、見ている車の人からお金をもらう。あぶないけど、彼はこれでかせいでいるんだ。

これは"観覧車"。でもちょっと普通と違う。電気じゃなくて、係のお兄ちゃんが自分の体重で回してくれるんだよ。おもしろかった！

絶景"月の谷"。ラ・パスからバスで1時間。

ラ・パスは夜もにぎやか！

夜は山の明かりが宝石のよう。

屋台のカットパインがうまかった！

ウユニから1泊2日のツアーに参加しました。食事も宿もぜんぶ入ってひとり5200円。子どもは半分です。ボクたちの他には、フランス人のお姉ちゃんと、スペイン人のお兄さんです。

車で1時間行くと、もうそこは一面、真っ白です！　目があけられないぐらいのまぶしさです。サングラスを買っててよかったと思いました。

車に乗っていると、この一面の真っ白が、"雪"のようにも見えますが、車から降りてみると、雪じゃなくて、まちがいなく塩でした。ボクたち

第2章　南米
ボリビア 2006/8/24-9/6

ウユニ塩湖。この白いものは、ぜんぶ塩!!

↑ウユニ塩湖のまん中にあるサボテンの島。↑

ツアーのお昼ごはん。テーブルは塩でできているよ。

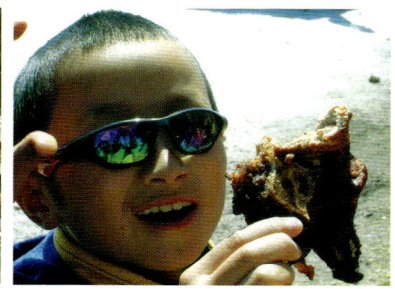

"リャマ"のステーキも食べたよ。おいしかった〜。

塩湖にはピンクのフラミンゴがたくさんいるところもある。

ウユニツアーで泊まったホテル。この写真の上に写っている休火山に登る。

ホテルの人はたくさんのリャマをかっている。

は塩のかたまりで遊びました。かたまりを少しなめてみると、ふつうの塩よりとてもからくてスッパカッタです。

それにしても、これが湖だなんて信じられません。塩湖の真ん中にはサボテンの島がありました。島だけど、浮かんでるわけではなくて、塩の上にあります。サボテンがたくさんはえていましたが、そのサボテンはガラパゴスのサボテンと違って、トゲがふにゃふにゃになっていました。歯ブラシみたいです。サボテンはその場所に合わせて生きているのです。たくましいなあ、と思いました。

その島にのぼって、広〜い塩湖を見渡しました。やっぱり塩じゃなくて雪みたいです。

そのあと、"塩のテーブル"でごはんを食べました。

ツアーにはコックさんがいっしょで、車には材料やコンロも積んでいて、おいしい料理を目の前で作ってくれます。

お昼ごはんは、なんと"リャマ"のステーキでした。はじめリャマとは知らずに食べていて、「おいしいね、この肉」と話していたら、"リャマ"でした。あまりのおいしさに驚きました。

たぶん、今までに食べたお肉の中で一番おいしかったです。

"リャマ"は標高が高いところにすむ動物です。ペルーのクスコやマチュピチュで"リャマ"と遊んだので、リャマ肉と聞いて、ドキッとしました。でもおいしかったので、「ごめんね」と言っていただきました。

湖のまだ水が残っているところには、フラミンゴがいました。ピンクでとてもきれいです。

ホテルは電気もなく、水もあまり出なくて、シャワーもありません。それでもコックさんはおいしい夕ごはんを作ってくれました。ありがと

第2章　南米
ボリビア　2006/8/24-9/6

"塩ホテル"は全部塩でできている。

う！
夜は、7時から9時だけ、自家発電で電気をつけてくれました。そのあとは、まっくらけです。水道も凍ってしまいました。本当にすごいところです。

↑2時間後やっとついた！これが標高5100メートルの景色！　↓帰りはリャマたちといっしょでした。

◎ 高山病になりながら、火山に登ったよ！

今日は朝7時にホテルを出て、5100メートルの火山の近くまで登ります。
そこには、雪がかかった休火山が見えて、ウユニ塩湖も見渡せて、"絶景"だそうです。5100メートルと聞くと、すごく高いけど、今いるウユニは4000メートルあるので、1000メートルとちょっと登ることになります。
登り始めて最初はよかったけど、だんだん心臓が"バクバク"してきて、

苦しくなってきました。高山病です。どんどんきつくなりました。パパがアメを持っていたので、それをなめると少し呼吸が楽になり、元気が出ました。そしていっしょのツアーのスペイン人のお兄さんから、「深呼吸をするといいよ」と教えてもらい、深呼吸しながら、5100メートルまでがんばって登りました。ヤッホ～！　見わたすかぎり絶景が広がっていました！

そのあと、全部塩でできた"塩ホテル"を見にいきました。

そのホテルは全部塩でできているのでとてもスゴイと思いました。部屋のベッドも机も、ぜ～んぶ塩です。なめてみたらホントに塩でした！

"塩ホテル"の部屋。ベッドもイスも塩。

塩に穴があいているところ。ちゃんと水があった。

ツアーでいっしょだったスペインのお兄さんとフランスのお姉さん。

ボクのウユニツアー感想文。旅行会社にはってあるよ。

第2章　南米
ボリビア 2006/8/24-9/6

その塩ホテルのそばに、掘った穴がありました。見ると、20センチぐらいの深さに塩の地面を掘っていて、そこには、本当に水が見えていました。
ボクは帰ってきてからウユニツアーの感動を感想文に書きました。これはウユニの旅行会社にはってあります！

◎**夜行列車でアルゼンチンへ。**

今日はウユニを出て、アルゼンチンとの国境、ビジャソンというところへ行きます。さようなら、ボリビア！

第2章　南米

ちょっとだけ アルゼンチン北部
Argentine
2006/9/6-9/8

※地図内の交通費はすべて4人分

✏️ トラベルメモ

- 【面積】日本の7.5倍
- 【人口】日本の3分の1
- 【治安】町中は安全。町はずれは注意。南米ではチリの次に治安良い。
  しかし、我が家はブエノスアイレスで強盗にあったので気を抜かないでね！
- 【言語】スペイン語など
- 【お金】アルゼンチンペソ。1アルゼンチンペソ＝38円
- 【物価】日本よりは安いが南米の中ではやや高め。
  ビーフとワインは安くておいしい。
- 【宿泊費用】北部は4人1泊　約1,000円

第2章　南米
アルゼンチン 2006/9/6-9/8

◎最悪の国境ごえ。

ウユニからの列車は朝7時に国境のビジャソンに着きました。歩いてアルゼンチンへ渡ります。

30分ぐらい歩くと国境に着きました。ボリビア側で出国のスタンプをもらって、ちょっと歩くと、アルゼンチン側の入国です。20人ぐらい並んでいました。

でも、待っても待ってもなかなか進みません。なんでこんなに時間がかかるんやろう？　と不思議でした。ここの国境は、ボリビアでよく飲むコカ茶（軽い覚醒作用がある）をアルゼンチンでは禁止しているので、荷物の検査をしているんだろう、とお母さんが言ったので、がまんすることにしました。

4時間たって、あと何人かで順番が来ることになりました。やっと、建物の屋根の下に入りました。すると、おそい理由が"コカ茶の検査"ではないことがはっきり分かりました。

おそい理由は、こんなにたくさんの人が並んでいるのに、窓口が1つしかないからです。その上、窓口はパスポートを受けとったらパタンと閉めて、中ではゆっくりのんびり、コーヒー飲みながら、おしゃべりしながら、パスポートの内容を紙に書き写しているんです。

紙は、入国カードだと思います。いつもなら、並んでいる時に自分たちで書くものです。「これじゃ〜、時間がかかって当然だ」とあきれたその時、さらに最悪なことがおきました。

ウユニからの列車。

アルゼンチンのサルタのバスターミナル。トイレもチョーきれい！トイレがタダってすばらしいね！（今まではトイレは有料）

大きなバスが国境に着きました。乗っているのは全員ボリビア人で、50～60人ぐらい。そして、その人たちを先に手続きして入国させるというのです。ずっと待っていたボクたちは、「それはひどい！」とおこりました。
いっしょに並んでいたアメリカ人は、「不公平だ！」と大きな声でさけびました。
でも、どうにもならず、ボクたちは、また待たされました。のどが乾いて、お腹もへって、最低の気分でした。パパがキレて、アルゼンチンの係員とケンカになりそうになりました。お母さんはそれを必死でとめました。
そして、6時間後やっと入国スタンプをもらいました。
ボクたちは疲れ果てていましたが、でも歩いて、アルゼンチンのラ・キアカの町の中心へと歩きました。

◎先にパラグアイ、ブラジル、ウルグアイをまわるよ。

本当はここからバスで"フフイ"という町まで行くつもりでしたが、入国が遅くなったので、"フフイ"に夜着くよりここで1泊したほうがいいかな、とホテルを探しました。
しかし、いいホテルがなく、やはり、🚌に乗ることにしました。
そして、お昼の3時、やっとお昼ごはんを食べることができました。昨日の夜ボリビアのウユニで夕ごはんを食べていらいの食事です。
そして、🚌に乗り、"フフイ"に向かいました。5時間後フフイに着いて、ホテル探しです。ホテルが決まったら、今度は夕ごはんを食べに……ほんとうに疲れた1日でした。
で、普通の食堂に入って、適当に頼んだら、お肉がおいしくておどろきました。久しぶりの……牛、牛肉です！ アルゼンチンは牛肉の料理がとてもおいしいのです。ボクは、疲れが吹き飛んで、いっぱい食べました。
それに、ホテルのおじさんもとてもいい人でよかったです。
国境が最低だったので、いやな気分になっていましたが、すっかり元気が出ました！ 明日は、フフイからもうちょっと大きな町サルタへ。サルタからパラグアイ行きのバスが出ているからです。アルゼンチンはまたあとで回ります。

第2章　南米

パラグアイ
Paraguay
2006/9/8-9/21

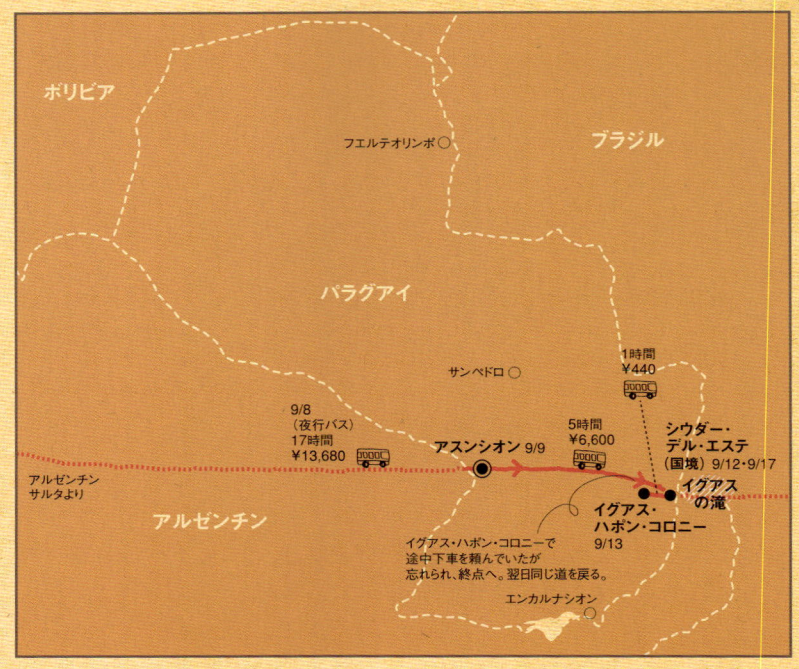

ボリビア
ブラジル
フエルテオリンポ ○
パラグアイ
サンペドロ ○
1時間
¥440
9/8
(夜行バス)
17時間
¥13,680
アルゼンチン
サルタより
アスンシオン 9/9
5時間
¥6,600
シウダー・デル・エステ
(国境) 9/12・9/17
イグアスの滝
イグアス・ハポン・コロニー
9/13
イグアス・ハポン・コロニーで途中下車を頼んでいたが忘れられ、終点へ。翌日同じ道を戻る。
アルゼンチン
エンカルナシオン

※地図内の交通費はすべて4人分

トラベルメモ

【面積】日本の1.1倍
【人口】日本の21分の1
【治安】昼間はＯＫ。旧市街の夜は要注意。
【言語】スペイン語など
【お金】グアラニー。1グアラニー＝0.022円
【物価】まあまあ安い。現地食200円ぐらいから
【行って良かったところ】イグアス日本人居住区、免税の町シウダー・デル・エステ、イグアスの滝
【宿泊費用】4人で1泊　約1,300～3,300円程度

世界の友だち

10歳でパラグアイに移住した篠藤(しのとう)さん

パラグアイの国境。この国境はすんなり手続きできてホッ。

◎ホテルが決まらないときはとてもツライ。

朝、🚌から降ろされたところは、国境ではなく、田舎の町でした。
サルタのバスターミナルでキップを買ったときは、パラグアイの首都のアスンシオンまで行くと聞いた気がしたけど、国境にさえも行かないと言います。
なので、そこから、タクシーで5分、アルゼンチンの国境で出国し、歩いてパラグアイ国境に行き、入国しました。ここでは、さっさと、パスポートにハンコを押してもらうことができて、ほっとしました。
そのあと、🚌に乗ろうとしたら……ビックリ！　すんごいバスです。
アルゼンチンはバスがきれいだったので、よけいに、オンボロでホコリまみれに見えました。窓ガラスも汚れていて外が見えないほどです。その🚌に乗って国境から1時間、首都アスンシオンのバスターミナルへ着きました。そこからまた、町の中心に行く🚌に乗ります。

　　　　　　　　＊　　　　　　＊

パラグアイはとっても暑いです。ボリビアが寒かったのでよけいに暑く

第2章 南米
パラグアイ 2006/9/8-9/21

てたまりません。バテバテです。

おもしろいことに、あまりの暑さのためにのどが乾くみたいで、バスの運転手さんと、バス代を集金する人（こっちのバスには、必ず2人乗務しています）はしょっちゅうお茶を飲んでいました。あまりにしょっちゅう飲んでるので、ボクは思わず、笑いたくなりました。

あとで知ったことだけど、パラグアイは暑さもスゴイけど、めちゃめちゃ乾燥しているので、のどがヒリヒリするのです。それに車が砂ぼこりをまき上げるので、なおさら空気が悪い。だから、水分が必要なのです。みんなが飲んでいるお茶は、"マテ茶"といって、体温を下げる役目があるそうです。

町の中心に着いて、いつものホテル探しです。でも、なかなかちょうどいいホテルがありません。お母さんは、高すぎる、別を探そう！　と何度もいいました。ボクは、暑くて、たおれそうでした。

5つめぐらいで、やっとちょうどよいホテルを見つけました。ホテルのおじさんはとても親切でほっとしました。それにここは1階が食堂なの

アスンシオンの市場。お店がぎっしり！

パラグアイに限らず、南米はゴミの放置が多い。

←アスンシオンの国会議事堂のうらに広がるスラム。

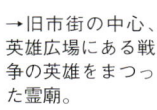

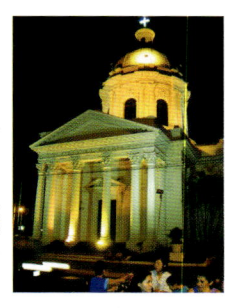

→旧市街の中心、英雄広場にある戦争の英雄をまつった霊廟。

で、昼ごはんにありつくこともできました。うれしいことに、コーラがガンガン冷えています。ボリビアではコーラは冷やされていなかったから、とてもうれしかったです。

◎パラグアイに日本があるよ！"イグアス・ハポン・コロニー"。

さて、このパラグアイには日本人がたくさん住んでいる町があるんです。
そこは"イグアス・ハポン・コロニー"です。昔、日本が貧しい時に、パラグアイに移り住んできた日本人がたくさんいるのです。
その場所は、首都のアスンシオンからバスで、ブラジルとの国境に向かう途中にあります。
ここに日本人が初めて来たのは45年前で、それから何家族ずつか来て、今では日本人が900人も住んでいるそうです。
45年前はどこもジャングルで、ピューマやバク、毒ヘビなどがいたそうです。そのジャングルをみんなで一所懸命に切り開いて、すべて畑にしたそうです。畑にするまではとても大変で、きつかったそうです。今は、その畑に大豆やトウモロコシなどが植えられています。
農協の横にある食堂で会って、いろんな昔の話をしてくれた篠藤さんというおじさんが、トウモロコシの収穫に連れていってくれました。

↑この人は、ふみ子さん。パラグアイで生まれたからパラグアイ人で、日系2世。ふみ子さんのおじいちゃんおばあちゃんが移住したんだって。3人のお母さんで、お母さんよりちょっと若い。日本に一度も行ったことないのに、日本語ペラペラ。そして、やさしくて、礼儀正しい日本人そのもの。なんだか不思議だね。

↑たかゆき、トラクターを操縦する。
↓トウモロコシは黄金色。

第2章　南米
パラグアイ　2006/9/8-9/21

まるでニホンだね！ここの赤土はとても栄養があるんだって！

トウモロコシを刈るトラクターを運転させてもらいました。3メートルぐらいのでっかい歯がついたスコップで、ガッガッガーと、トウモロコシを一気に刈りとりました。ちょっとこわかったけど、面白かったです。ボクのあと、ひかるも、パパも、お母さんも乗せてもらいました。

畑にはたくさん虫がいて、そいつがボクたちの血を吸います。とてもかゆかったです。この町で、"福岡旅館"というホテルに泊まりました。福岡の人かな？　と思っていたら、宮崎の人で福岡さんという名前です。1泊4人で15万グアラニー（約3300円）。なんと、日本食の朝ごはんつきです！　朝から、目玉焼き、焼き魚、みそ汁、納豆まであって、ボクたちにとってはめちゃめちゃ

↑↓移住の歴史もおしえてもらったよ。

感動でした。
篠藤さんが「カラオケ」に連れていってくれました。地球の反対側で、カラオケを歌えるとは思いませんでした。ボクは「地上の星」を歌いました。イギリス人のおじさんもいました。このおじさんは、ここが気にいって、住んでいるそうです。修理屋さんをしていると言っていました。
ここは、日本人だけではなく、イギリス人やドイツ人や、そしてもちろんパラグアイ人、そして、となりのブラジル人など、たくさんの国の人がいます。
ここの人たちはみんな挨拶をしてくれるからすごいです。そして、みんな優しいです。
お別れする日に、ふみ子さんから、日本の"千代紙"で作ったタンスの形をした小物入れをもらいました。作りかけを見たとき、ボクが「ほしいなあ〜」と言ったので、ボクが出発するまでに急いで完成させてくれたのです。ボクは本当にうれしかったです。
お返しに、パラグアイではなかなか手に入らない"千代紙"を送ることを約束しました！ ふみ子さん、篠藤さん、本当にありがとうございました！

◎横幅が4キロ！世界一長いイグアスの滝。

そして、ボクたちはイグアスの滝を見るために、ブラジルとの国境のパラグアイ側の町、シウダー・デル・エステという町に行きました。ブラジル側より、パラグアイ側に泊まる方が安いからです。
イグアスの滝は溶岩の動きによってできた滝です。そして、「世界三大瀑布」の1つで、横幅が世界一で、4キロメートルにおよぶ大小300もの滝があって、落差は80メートルもあります！ そして、滝はブラジル側とアルゼンチン側から見ることができます。さて、どっちがスゴイかな？
まずは、ブラジル側の滝を見にいきました。
だんだん滝に近づくと、音がスゴくなってきました。とってもきれい！絵はがきみたいです。でも、動いているから絵はがきではありません！でかいです！　迫力満点です。やっぱ世界一ってすごいなあ〜！
明日はイグアスの滝を、アルゼンチン側で見ます。

第2章 南米
パラグアイ 2006/9/8-9/21

ブラジル側のイグアスの滝

アルゼンチン側の滝、「悪魔ののどぶえ」。

ブラジルとの国境の町シウダー・デル・エステ。

アルゼンチン側は、「悪魔ののどぶえ」という一番大きい滝を、すぐ近くで見下ろせるから有名です。ボクたちもまっすぐ「悪魔ののどぶえ」に向かいました。「悪魔ののどぶえ」って名前がすごいです。そして、たくさんの人が「悪魔ののどぶえ」に見学に来ていました。
次はいよいよパラグアイからブラジルに行くために、18時間バスに乗ります。

第2章　南米

ブラジル
Brazil
2006/9/21-10/22

地図内:
- コロンビア
- マナウス
- ベレン
- サンルイス
- ポルトベリョ
- ブラジル
- レシフェ
- ペルー
- クヤバ
- ブラジリア
- サルバドル
- ボリビア
- 9/21（夜行バス）19時間 ¥17,600
- 6時間 ¥10,550（バスにより金額がちがう）
- パラグアイ
- リオ・デ・ジャネイロ
- サンパウロ 9/22
- チリ
- サントス
- 1.5時間 ¥2,760
- 10/20（夜行バス）30時間 ¥61,000
- ポルトアレグレ
- アルゼンチン
- ウルグアイ

※地図内の交通費はすべて4人分

トラベルメモ

【面積】日本の23倍
【人口】日本の1.4倍
【治安】日本人が多いリベルダージはまあまあ。
　　　スラムがあちこちにあるので注意。
　　　銀行強盗やバス強盗もおきている。
【言語】ポルトガル語
【お金】ヘアル。1ヘアル＝53円～56円
【物価】日本の7割～9割と南米の中では高め。
　　　交通費が高。肉野菜は安い。
【行って良かったところ】サンパウロでのサッカースクール、
リオ・デ・ジャネイロ、サントス
【宿泊費用】4人で1泊 約1,650円（自炊できる日本人宿＝1ヶ月前払い割引料金）

世界の友だち

サッカースクールの仲間たち

日本人がたくさん住む、サンパウロのリベルダージ。

◎やっほ～！あこがれのブラジル！

🚌はブラジルのサンパウロに着いたよ！到着したサンパウロのバスターミナルはあまりにキレイで、めっちゃ広くて、とても驚きました。さすが南米最大の都会です。それからすぐに、地下鉄乗り場に行って、リベルダージというところへ行きます。リベルダージは、ブラジルに移住した日本人がたくさん住んでいる町です。日本の本も、ラーメンもあります！　うれし～！
さて、ブラジルでボクはやりたいことがあります。
それは、ブラジルのサッカークラブに入ってブラジルの子どもたちとサッカーすること！

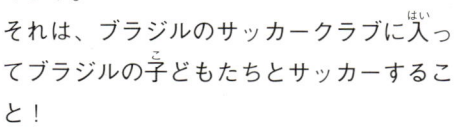

"やきそば"はブラジル語でも通用しているよ。

"そごう"じゃなくて"そご"だった。

第2章　南米
ブラジル 2006/9/21-10/22

でも、サッカークラブ探しは思ったより大変でした。ずっとスペイン語だったけど、ここブラジルはポルトガル語。もちろん、しゃべれません。でも、お母さんといっしょに辞書を片手に探しました。

でも、なかなか見つからなかったので、ボクは「サッカーできないのか……」とガックリしたときもありました。でも、探している時に、いろんな人と出会って、いろんな人に助けてもらいました。

そして、やっと"ブラジルでサッカー"の夢が実現しました～。

入部させてくれたのは、ボクたちが泊まっている"ペンション荒木"から地下鉄でひと駅行ったベルゲイロ駅近くのサッカークラブ。歩いて探していて見つけたので、飛びこみで「1ヶ月間入部させてください!!」って頼みました。辞書と身ぶり手ぶりでね。なんとか分かってくれて、OKしてくれて、とってもうれしかったです。そしてボクたちは、月曜から金曜の毎日3時～5時、ブラジルっ子たちにまじってサッカーをしました。はじめは慣れなくて、ボールが来なかったけど、だんだんパスがまわってくるようになったし、シュートを時々きめることもできて、本当に楽しかったです。

マクドナルドがカタカナだ！

↑サンパウロのオフィス街は高層ビルが並ぶ大都会。
↓でも、ちょっと町をはずれると、こういう場所もある。

泊まった"ペンション荒木"の本だな。ボクたちにとっては宝の山！

途中から、知り合った日系人のミサ子さんと日系2世のじゅんさんのおかげで、別のサッカークラブ（サンパウロ州がやっている無料のクラブ）の朝の練習にも参加させてもらいました。充実して、あっという間の1ヶ月でした。本当にありがとう！

ボクはみんなのこと絶対わすれない！　ボクはまたここに来る！

シュート！が決まると「ナカムラ！」とか「シュンスケ！」って言われたよ。みんな知ってるんだね！

コーチたちもとっても楽しい人たちだった。

最後の日、記念に金メダルもらった。

↑↓これはサンパウロ州のサッカークラブ。

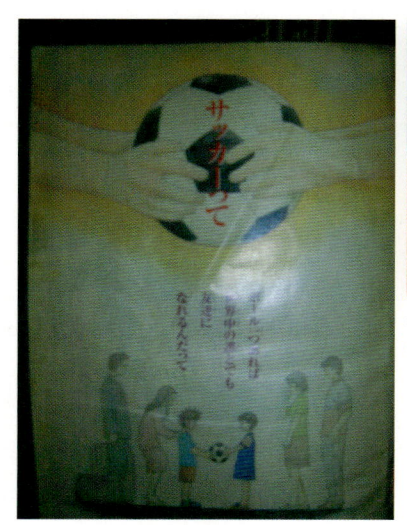

←"ボールひとつで仲良くなれる"って、本当なんだね！

第2章 南米
ブラジル 2006/9/21-10/22

◎ひかるのパスポートにハンコがない！

実はブラジルでは大変なトラブルが見つかりました。ひかるのパスポートだけ、ブラジル入国のハンコが押されていなかったのです。パラグアイからブラジルへ国境を越えたとき、係の人が忘れたらしいのです。でも、これは「忘れた」じゃすまされないことで、トラブルになる可能性が高いのです。このままでは、ひかるだけブラジルに戻れなくなるかもしれないし、高い罰金を払えと言われるかもしれません。

ひかるは、「ボクだけ入れんと？（入れないの？）」と不安そうで、少し涙目になっていました。

この時もミサ子さんが相談にのってくれて、いろいろ手をつくしてもらいました。日本大使館にも行ったけど、それはブラジルの問題だから、と助けてはくれませんでした。かなりショックでした。

それなのに、ミサ子さんは、自分のことのように心配してくれて、お礼を言っても言っても全然足りないぐらいお世話になりました。でもそんな時ミサ子さんはこう言いました。

「親切の恩返し。20年以上も前にね、日本に行ったとき、日本人にとても親切にしてもらったの。だからその恩返し。親切にしてくれた人に親切を返せなくてもいいのよ。代わりに、また、あなたが次に出会う人に親切にしてあげればいいの。そうすれば、親切がつながっていくでしょう。そうなれば、ステキじゃない！」って。

ミサ子さんはすばらしい人だと思いました。本当に本当に感謝しています。

ひかるのハンコは、いろいろ難しいことがあって、結局どうにもなりま

←ブラジルで生まれた日系2世の"じゅんさん"と→9歳でブラジルにきた"ミサ子さん"。サッカークラブ探しで、出会った人だ。サッカークラブがなかなか見つからなかったからこそ、こんなすばらしい出逢いがあった。

せんでした。でもブラジルに再入国するときがどうしても心配だったので、ミサ子さんに、公式の証明書を発行してくれるところへ連れていってもらい、ブラジル入国日の書類をつくりました。
再入国のときこの証明書が役に立つかわかりませんが、できるだけのことはしたんだから、もう神さまにまかせよう、と思うことにしました。

◎ブラジルの広さは日本の23倍！

さて、ブラジルはかなり広い！
日本の23倍もあり、南米大陸の半分も占めています。北にはアマゾン川があってジャングル。東側のサルバドルは、アフリカからやってきた黒人たちの黒人文化。西のパンタナールには大湿原があって、自然そのままが残っていて、たくさんの鳥や動物が見れます。アルゼンチンとの国境にはイグアスの滝があるし、南部は、ヨーロッパから来た人が多く住み、とても美しい町並みを作っているそうです。
アマゾンに行きたかったけど、大自然そのものの熱帯ジャングルだから、マラリアなどの心配があって、今回はやめました。大人になって、絶対行きたいところです。
サッカーの合間に、ブラジルで一番有名なリオ・デ・ジャネイロにも行きました。

サントスの海岸。やっぱりサッカーの国だね。

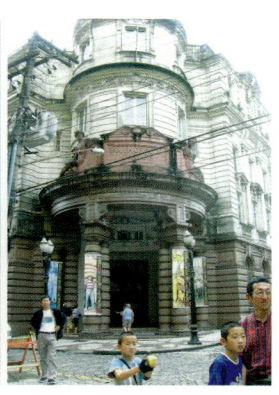

サントスでは、コーヒー博物館を見学したよ。

第2章　南米
ブラジル 2006/9/21-10/22

お天気がよかったら、リオの町全体がきれいに見渡せるところです。でも、雨が降っちゃった。でもね、これがなかなかよかったんです。だって、雲の中にいるみたいで。雨にぬれたキリストの像が、ボワ〜と浮き上がっているように見えて、これまたすごいよ。

それからね、ブラジルには世界中から移住してきた人がいます。日本人もそう。ドイツやポーランドやイタリアやなどヨーロッパの国々からも、ロシアからも、アフリカからも、インドからも、南米の他の国からも来ています。日本人はここサンパウロに多いです。

サンパウロで国際フェステバルがあったんだけど、ブラジルに住むいろんな国の人たちが、自分の国の踊りを紹介するものでした。かなり本格的ですごかったです。

日本のたいこ踊りを見て、とっても感動して胸がいっぱいになりました。日本人であってブラジル人。ブラジル人だけど日本人。日本と反対側の遠い国に住んで、日本の文化が受け継がれていると思うと、うれしかったです。みんな日本人であることを忘れずに、ブラジルでがんばって生きていると感じました。

"コルコバードの丘"のキリスト像。ブラジルのシンボルだよ。

コルコバードの丘に登る列車。

雨のリオのコパカバーナ海岸。

たいこを使った沖縄の踊り。

第2章　南米

ウルグアイ
Uruguay
2006/10/22-10/24

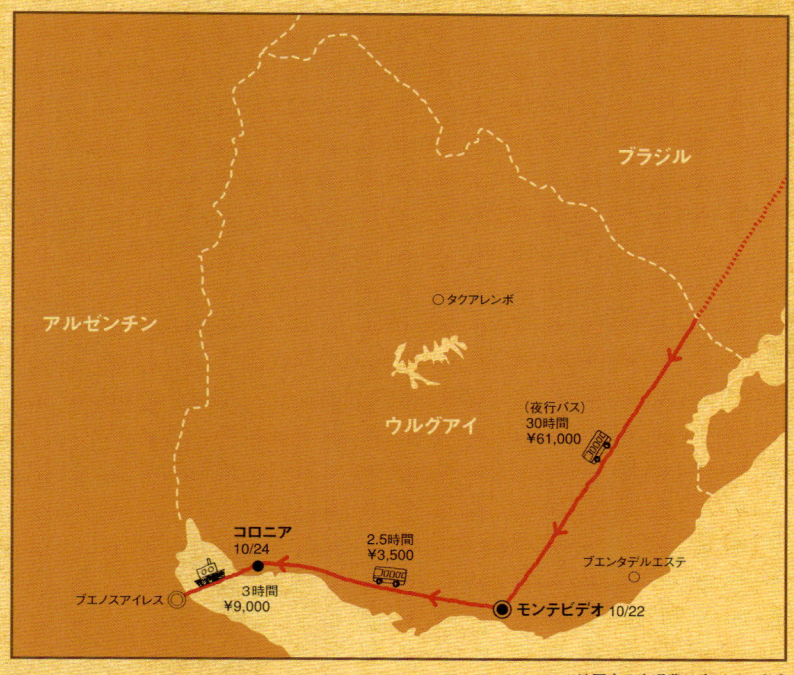

※地図内の交通費はすべて4人分

トラベルメモ

【面積】日本の半分
【人口】日本の40分の1
【治安】いい！
【言語】スペイン語など
【お金】ウルグアイペソ。1ウルグアイペソ＝5円
【物価】南米の中では高め。ブラジルよりちょっと安い。
【宿泊費用】4人1泊 約2,000円

第2章　南米
ウルグアイ 2006/10/22-10/24

◎ウルグアイのバスはサービス満点！

サンパウロから夜行バスでウルグアイへ向かいます。なんと30時間もバスに乗ったよ。新記録達成！
真夜中に国境を越えるから、お母さんが「夜中に起こすけど、がんばって起きてね」と言っていました。だけど、なんと、このバスの係の人が、乗客のパスポートを預かって、出入国の手続きを全部してくれたんです！　これにはお母さんもおどろきました！ウルグアイってサービスいいんだね。
ウルグアイの首都モンテビデオは、きれいで落ち着いた町だよ。モンテビデオから2時間バスで行って、コロニアという世界遺産の町では、自転車をかりて、ウロウロしたよ。ブラジルビザの有効期限が60日だから、もうアルゼンチンへ向かうことにします。
アルゼンチンへは、ラ・プラタ川を船で渡るよ。船もごうかだった！

ウルグアイのバスはちょ〜ごうかだった！

モンテビデオの町。

モンテビデオの旧市街。

世界遺産の町コロニアは自転車でウロウロ。

アルゼンチンに渡る船。

第2章　南米

アルゼンチン
Argentine
2006/10/24-11/14

地図内：
- サルタ
- パラグアイ
- ブラジル
- リオデジャネイロ
- フォス・ド・イグアス 11/14
- サンパウロ 11/15
- 11/18 南アフリカ共和国へ 9時間
- コリエンテス
- チリ
- アルゼンチン
- ポルトアレグレ
- 19時間 ¥14,740
- コルドバ
- ブエノスアイレス 10/24・11/11
- ウルグアイ
- 17時間 ¥27,050
- カラファテより 40時間 ¥47,410
- バイアブランカ
- プエルト・マドリン ● ─── バルデス半島 10/27
- サルミエント
- 17時間 ¥19,600
- カラファテ 11/4
- ロス・グラシアレス国立公園
- リオ・カジェゴス 10/30
- 15時間 ¥16,720（途中チリに入り、マゼラン海峡を渡り、またアルゼンチン入る）
- 20時間 ¥22,800
- ウシュアイア（世界最南端）10/31

※地図内の交通費はすべて4人分

トラベルメモ

- 【面積】日本の7.5倍
- 【人口】日本の3分の1
- 【治安】町中は安全。町はずれは注意。
  南米ではチリの次に治安は良い。
  しかし、我が家はここで強盗にあったので要注意。
- 【言語】スペイン語など
- 【お金】アルゼンチンペソ。1アルゼンチンペソ＝38円
- 【物価】日本よりは安いが南米の中ではやや高め。
  ビーフとワインは安くておいしい。
- 【行って良かったところ】バルデス半島、
  世界最南端ウシュアイア、カラファテの氷河
- 【宿泊費用】4人1泊　約3,000円

世界の友だち

宿さがしを一緒にしてくれた夫婦

第2章　南米
アルゼンチン 2006/10/24-11/14

カラフルな建物がきれいな、ボカ地区の観光名所カミニート。

◎最初に目指すは動物の楽園バルデス半島！

🚢は夜11時、アルゼンチンの首都ブエノスアイレスに着きました。
船着き場から10分ぐらい歩いて、町の中心の、フロリダ通りに行きました。ここまで来ると、とっても明るくて、夜でもにぎやかです。安心して歩けます。でも油断は禁物！
さて、広〜いアルゼンチン。一番に目指すのは、バルデス半島という動物の島です。アルゼンチンの大西洋側にあって、政府が保護区にしていて、クジラ、ペンギン、ゾウアザラシ、シャチなどが見れるそうです。"ガラパゴス諸島"みたいかなあ。楽しみ！

宿のお姉さんに"あやとり"教えたよ。

ブエノスアイレスのボカ地区。タンゴはここで生まれたそうです。町ではタンゴおどってる人もいたよ。

ブエノスアイレスの中心地。

↑↓歩くのが楽しい小道カミニート。

ホテル探しを助けてくれた夫婦。本当にすばらしい人たちだった。

海の砂浜でボクたちはプロレスごっこした。砂がとっても気持ちいい。

バルデス半島に行くには、🚌で18時間、プエルト・マドリンという町に泊まって、レンタカーで行きます。
プエルト・マドリンは、南緯40度。ここから南側が"パタゴニア地方"と呼ばれている、人間より動物が多い大自然エリアです。
プエルト・マドリンは、静かな小さな町で、ホテルがあまりなくて、ウロウロしていたら、現地のアルゼンチン人夫婦と出会いました。「何か、困っていますか？」と声をかけてくれたんです。
それで、安いホテルを探してると言うと、わざわざ、車に乗せてくれて、あちこち探してくれたんだ

第2章　南米
アルゼンチン 2006/10/24-11/14

クジラ見学ツアーの船。

ペンギンの巣もあったよ。　　りっぱな尾びれだね。　　アザラシはお昼寝中。

よ。ボクたちが重そうな荷物持って、大変そうに見えたんだって。なんてラッキー！ありがとうございます！ホテル見つかりました。
ホテルは1人25ペソ。950円。4人だと3800円です。
そして、レンタカーをかりて、パパの運転でバルデス半島へドライブします。
まずは、クジラ見学の船に乗ります！　さっそく、来た、来た〜!!　おお〜！　りっぱな尾びれ。黒と白の子どもクジラも来たよ。
アザラシは昼寝中、たまに寝返りをうつ。ペンギンもヨチヨチよってきた。

ツアーの船によってきた黒クジラと白クジラの子ども。

◎世界で一番南の町に来たよ！

今度は、プエルト・マドリンからさらに南へ。バスで17時間、リオ・カジェゴスという町に1泊。この町は氷河を見にいく拠点だよ。でも、ボクたちは、氷河より先に、世界最南端のウシュアイアを目指します。
翌日、リオ・ガジェゴスから、さらに南へバスで14時間。アルゼンチンを出て、チリに入って、マゼラン海峡を渡って、チリを出て、またアルゼンチンに入るんだよ。ずううっと一本道。何にもない！　建物もレストランもたま〜にしかない。ひたすら、まっすぐ南へ南へ。
ようやく、世界の一番南、ウシュアイアにたどり着きました！
とうとう世界の果て！　世界最南端の町！　南緯55度です。
雪がつもった山々と、南極に続く海に面した町です。
首都のブエノスアイレスから、なんと3250キロメートルも南！　3250キロというと、日本の北海道から沖縄までと同じぐらいだそうです！　そして、わずか1000キロ先には南極があります！　南極への船はここから出ています！

第2章　南米
アルゼンチン 2006/10/24-11/14

ここウシュアイアがあるのは、フエゴ島という島で、半分はアルゼンチン、もう半分はチリです。風が強く、夏でも平均気温が9度くらいだよ！

ウシュアイアの町は、とてもきれいで、スーパーもレストランもたくさんあります。日本と反対で、今からが夏なので観光客もけっこういます。これから3月までがシーズンです。

かなり寒いだろうと覚悟していましたが、昼間は外のカフェでひなたぼっこできるくらいです。でも、夕方からは急に寒くなります。

南極への船は、なんと、ひとり30万円ぐらいかかるそうです。うへ～！

ホテルは、日本人のおばあちゃんがやっている、"上野荘"に泊まりました。ここの"ゴエモン風呂"は最高です！

おばあちゃんの名前は上野あやこさん。セントロ（町の中心）からタクシーで5分ぐらいのところです。

ここは、"知る人ぞ知る"宿で、南米大陸を旅をする人にとって、目標のような場所です。

上野荘には、"トルーチャ"というメスの犬がいます。ボクたちにすぐ慣れました。トルーチャはとってもかしこい犬で、人間の言葉や心がわかっているんじゃないかと思うぐらい、おりこうです！

上野荘には、トルーチャ散歩表があるんだよ。ここに来た日本人がみんなかわいがる

ウシュアイアの観光通り。

マゼラン海峡。かなり風が強かった。

この海は南極につづいてるんだ。

この犬が"トルーチャ"。散歩が大好きだ。

ボクのヒザにトルーチャ。

から、日本人には絶対吠えない。
トルーチャは、ボクらが出発の日も、朝早いのに起きて見送ってくれた。ボクは、上野荘で働きたいと思ったよ。そして毎日トルーチャと散歩したいよ……。

　　　　　＊　　　　＊

ところで……ショック！ボクは大切な"ガラパゴスの思い出"をなくしてしまいました。
ここまで乗ったバスに、ガラパゴスで買った大切な大切なぬいぐるみ（イグアナ、アシカ）を忘れてしまいました。上野のおばあちゃんは、「アルゼンチンでは"置き忘れ"のものは、よく見つかるから」とはげましてくれて、バス会社に行って聞きました。バス会社の人は、調べてくれたけど、結局、ありませんと言われました。
ガ〜ン！　ボクは、泣きそうな気分でした。ただのぬいぐるみじゃないんです。ガラパゴスにしかないアシカとイグアナ、あ〜あ。ボクは、落ちこみました……。

◎"世界の果て博物館"。

「世界の果て博物館」に行ったよ。
博物館には、なんと日本語のパンフレットがありました！　すごい！
博物館は、ここフエゴ島にいる鳥や動物の標本や、原住民の顔や生活の写真、昔の道具などがある博物館です。原住民は今ここにいるアルゼンチン人とはまったく違っ

最高のごちそう！

右奥があや子おばあちゃん。

↑↓フエゴ島の原住民の写真。

第2章 南米
アルゼンチン 2006/10/24-11/14

て、どちらかというと、ボクたちに近い顔をしていました。

＊　　　＊

今日は、上野のおばあちゃんから、「カニがとれたと漁師さんから連絡があったから、食べませんか？」と言われて、ボクはめちゃめちゃうれしくて、すぐに「うん！　食べる食べる！」と返事をしました。
真っ赤できれいで大きなカニです！　1匹、25ペソ。950円ぐらいです。
夕方、西岡さんという、料理がうまいお兄ちゃんとギョーザを作り、お母さんはスープとか作って、上野のおばあちゃんがカニをゆがいてくれて、すごいご馳走が並びました。
もう、みんな話もせずに、カニを食べました。お湯でゆがいただけなのに、味付けは何もしていないのに、カニはとても甘くて、おいしかったです。こんなにおいしいの初めて食べました。ウシュアイアまで来て、本当によかったと思いました。

◎氷河をなめてみた。

なごりおしいけど、さよなら！ウシュアイア。
バスに乗るために、朝4時20分に起きました。朝5時半出発だからです。
これをのがすと、バスはありません。
上野荘のおばあちゃんと西岡さんとトルーチャに見送られ、ボクたちは出発しました。
夕方リオ・ガジェゴスに着いて、乗りかえて、氷河の町カラファテへ。

バスの車窓はこんな風景がつづくよ。

見ることができる氷河の中で高さが最高のスペガッツィーニ氷河。一番高いところで135メートルもあるんだよ。スゴイ！

到着は夜中の1時。
上野荘で教えてもらった"フジ旅館"に電話をして、迎えにきてもらいました。"フジ旅館"は、日本人と韓国人の夫婦がやっている宿です。
そして、さあ、いよいよ、氷河を見にいきます。
世界遺産のロス・グラシアレス国立公園には、氷河は47もあるそうです。バスツアー、船でクルージングツアー、氷河の上を歩くツアーなどいろいろあります。ボクたちが選んだのは、船のツアーです。
船に乗ってしばらくすると、湖に浮かぶ氷河が見えてきました。ボクは、初めて見た氷河が、あまりにきれいなブルーだったので、めっちゃくちゃ感動しました。
それから船のまわりは氷河だらけになりました。いろんな形があって、

第2章 南米
アルゼンチン 2006/10/24-11/14

とってもきれいです。なんか、おいしそうに見えるものも。
オネージ湾から上陸して、1時間ぐらいブナの森を歩いて、湖一面に見渡すかぎりの氷河が浮かんでいるところに出ました。ここでは氷河がさわれます。
ボクも氷河をつまみました。ちょっとなめてみました。味はしませんでしたが、頭がキ〜ンとしました。その氷で、外国の人達がウイスキーを飲んだりしていました。
一番ボクが感動したのは、最後のスペガッツイーニ氷河です。ここは、見ることができる氷河の中で、一番高さが高い氷河です。まるで巨大な氷の壁です。とても迫力があります！　風も最高に強くて、寒かったけど、最高でした！
今日は、かなり、興奮しっぱなしでした。本当に、自然はすごい！　と思います。

◎パパが強盗にやられた！

カラファテからバスでブエノスアイレスへ。またまた最高記録を更新です！　なんと40時間！

で、やっとやっと、ブエノスアイレスに着いて、ホテル決めて、ごはん食べて、あ〜満足、満足！　と思ったら……。
強盗にやられてしまいました。
場所は、町の中心からバスで1時間ほど離れた、出かせぎに来ているボリビア人居住区の近くです。
ボクたちは、40時間のバスで、ろくな食事もしてなかったので、とてもお腹がへっていました。で、近くに韓国人街があって、韓国料理が食べられると聞いて、すぐ、食べにいきました。
強盗にあったのは、その帰りです。
ボクたち3人の5メートルくらい前を歩いていたパパに、大きな男が4人も、飛びかかってきたんです。強盗たちは、パパのウエストバックをかなり乱暴に引きちぎろうとしました。ポケットからカメラもひったくりました。ボクたちは目の前で起きていることが、信じられなくて、体がカチンコチンになって動けませんでした。ボクは、どうしていいのかわかりませんでした。
強盗4人は、ウエストバックが引きちぎれると、ものすごい早さで、山の方へ走って逃げました。パパがそれを追いかけましたが、「ここから先はゲリラがいるから行ってはダメ」と現地の人から止められました。
強盗たちは、逃げ道もちゃんと考えて、ここだ！　と決めておそいかかったようです。そうじゃないと、あんなに早く逃げられないと思います。
時間は、昼の2時半でした。バスも車もたくさん通る大通りで、人通り

カラファテのフジ旅館。お世話になりました！

ブエノスアイレスで、アルゼンチン・プロサッカーで活躍している"みす選手"に会ったよ。今、腕を骨折してお休み中だった。子供の時からサッカー選手になりたくて、一所懸命がんばったって。握手してもらったよ！　ボクもサッカーがんばるぞ！

第2章　南米
アルゼンチン　2006/10/24-11/14

もたくさんあって、その時も人が周りにたくさんいました。でも、だれも、動けませんでした。強盗が逃げてから、まわりの人たちはみんな「ケガはない？　何をとられたの？」と心配してくれました。でも、おそわれている時は、だれも助けてはくれませんでした。

ケガはありませんでした。でも、とてもとてもくやしい！

パパとお母さんは、それからすぐ、クレジットカードが使われないようにしたり、警察に行ったりしました。

◎さよなら南米！

さて、アルゼンチンからブラジルのサンパウロに戻ります。アフリカに行く✈に乗るためです。🚌で18時間＋乗りかえて18時間！

さて、問題のブラジルへの再入国です。ひかるのハンコがないので、ボクたちはドキドキしていました。

ブラジルは入国するのに"査証"（ビザ）がいります。ボクたちの"査証"は、最初にブラジルに入った日から60日間有効で、60日までなら、ブラジルを出て他の国に行っても、またブラジルに入ることができるのです。だから、日付のハンコが重要なのです。なので、新しく"査証"を取りなさいといわれても困らないように（お金が7000円、日数も2日くらいかかる）、日にちにも余裕をもち、"査証"をとりやすい、そして、ハンコを押し忘れた同じ国境フォス・ド・イグアスを通ることにしました。

で、結果は……オッケ〜!!　家族4冊のパスポートを上から、パパ、ママ、たかゆき、ひかるの順に重ねて、笑顔で審査の場所へ。係員は、パパとお母さんのはしっかりチェックしていたけど、ボクたちの分はほとんど見ずに、ハンコをボン！　ボン！　と押してくれました。

あ〜、よかったです。

そして、国境から🚌に乗って、サンパウロに無事到着しました。

"ペンション荒木"に戻ると、荒木のおばちゃんや、泊まっている日本人たちが、迎えてくれました。

アフリカ大陸へ向かうのは3日後です。アフリカではたぶん日本食は食べられないよ、と聞いたので、3日間たっぷり、サンパウロの日本食を

１ヶ月以上お世話になった
"ペンション荒木"のおば
ちゃん！ありがとう！

"ペンション荒木"に泊ま
っていた人たち。

バイバ～イ！

食べました。
　いよいよ、南アフリカ共和国に出発する日になりました。
　１ヶ月以上お世話になった"ペンション荒木"のおばちゃん、ありがとう！
　３年も世界を旅しているお兄さんお姉さん、アフリカのこと教えてくれて、ありがとう。
　グアテマラで会って、ブラジルで再会した、料理人のお兄ちゃん、遊んでくれてありがとう！
　みんなみんな、ありがとう！みんなも、良い旅をねっ！　ばんざ～い！
さよ～なら～～～南米！　ありがとう！
　　　　　　　　　　＊　　　　　　　　　＊
　で、飛行機に乗って、席に着いたら、ボクたちの席の前がなんかザワザワ……。航空会社の男の人たちや、警察官も何人もいて、「どうしたの？？」と、思いました。
　すると、ボクたちが見たのは、手錠をはめられた１人の黒人男性……。そして、なんと、ボクたちの３つ後ろに座らされました。その黒人男性は、手錠した腕を振りまわして、人をなぐったり、足でバンバンけったり、まわりに暴力を振い、大声でさけんだりしていました。
　乗っている人たちは、みんな不安そうにしていました。ボクもこわくてたまりませんでした。その犯人は、背の高さは普通だったけど、真っ黒で、シャツから出ている腕とか筋肉モリモリで、とても力が強そうでした。
　寝る時間になっても、犯人が気になって、こわくて、まったく、眠れませんでした。

第3章　アフリカ

南アフリカ共和国
Republic of South Africa
2006/11/18-11/26

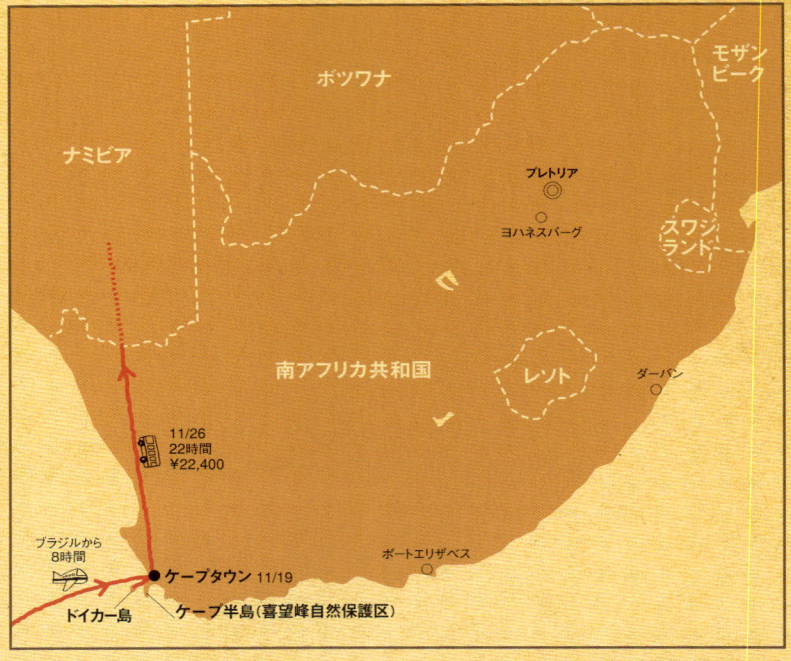

地図:
- モザンビーク
- ボツワナ
- ナミビア
- プレトリア
- ヨハネスバーグ
- スワジランド
- 南アフリカ共和国
- レソト
- ダーバン
- 11/26　22時間　¥22,400
- ブラジルから8時間
- ドイカー島
- ケープタウン 11/19
- ケープ半島(喜望峰自然保護区)
- ポートエリザベス

※地図内の交通費はすべて4人分

トラベルメモ

【面積】日本の3.2倍
【人口】日本の3分の1より少し多い。
【治安】観光地はいい。他は注意要。
目の前で逃げる強盗犯を見た！
【言語】英語、アフリカーンス語など。
【お金】ランド。1ランド＝16円。
【物価】日本の8割ぐらい。
【行って良かったところ】ケープ半島、タウンシップ
【宿泊費用】1人1泊 約1,000円

世界の友だち

ケープ半島ツアーのガイドさん。

◎「ねことねずみホテル」に泊まったよ。

アフリカ大陸に来ました！　南アフリカ共和国のケープタウンです！これからは英語になります！

ホテルは"キャット＆ムース・バックパッカーズ"というところ。"ねことねずみ"のバックパッカーズ（ホテルのこと）って、おもしろいね！

ここは、ブラジルで会ったお兄ちゃんたちから「めっちゃ、いい！」と聞いたホテルです。で、本当に"めっちゃいい"です！　広い部屋、とってもきれいな共同キッチン！　お湯はじゃんじゃん、トイレもじゃんじゃん流れるよ。トイレットペーパーだって流していいんだよ〜。

え！　流しちゃいけないのって思った？　今まで行った国の多くでは、水圧が低くて、いきおいよくジャ〜〜！　とは流れなかったんだ。だから、トイレットペーパーを流すと詰まるから、流さないのが普通だった。シャワーもチョロチョロが多かったしね。だから、うれしいんです。

この国の物価は、けっこう高いよ。このホテルは1人1000円ぐらい。4人だと4000円だ。ブラジルは子どもは半額だったけど、ここは半額サー

南アフリカの音楽ってたのしい！

第3章 アフリカ
南アフリカ共和国 2006/11/18-11/26

ビスはなかったよ。
部屋をもらって、外に出たけど、店はほとんど閉まっていました。今日は日曜日。この国も日曜日はしっかりお休みするんだね。中南米も日曜日に休むお店が多かったけど、アフリカも同じかな？　それにしても、みんなが休みだからこそ、お店開けてたら売れる？　だろうにね。
そして、あたり前だけど……歩いている人は黒人ばかりになりました。
ボクは、なんでかわからないけど、歩いていて、こわくてしょうがありませんでした。お母さんにそう言うと、「そっか～。飛行機の中、こわかったもんね～（手錠かけられた黒人がすぐ後ろに乗っていて、暴力ふるっていた）。でも、最初だけだよ。なれてないだけだよ。いい人もいっぱいいるよ」と言われました。

◎見どころいっぱいのケープ半島一周ツアー。

朝7時に、旅行会社のガイドさんとバスが、ボクらが泊まっている"キャット＆ムース"に迎えにきてくれました。この国のツアーバスはホテルまで迎えにきてくれます。治安があまりよくないので、安全のためです。ケープ半島の喜望峰自然保護区は、ツアーじゃなくても行けるようですが、ツアーの方が安いし、安全でラクチンです。ボクたちを乗せたあと、他のホテルによって、お

↑泊まった「ねことねずみホテル」。めっちゃいい部屋！
↓アフリカのお土産は、ジュースの缶や、レコードやタイヤから手作りしているよ。

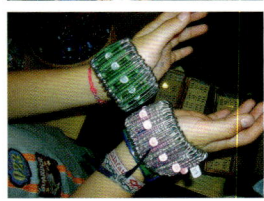

このブレスレットなんで作ったと思う？答えは、安全ピン！

ケープポイントの海岸線。

ツアーの最初の見どころは、オットセイの島ドイカー島。

ケープ半島の"ボルターズ・ビーチには、"ペンギンがたくさん！

客さんを乗せて🚌は出発しました。
ツアーはまず、最初に、港へ行って、🚢でオットセイの島、"ドイカー島"へ。
いたいた〜いっぱいいました！　本当にオットセイだらけ‼︎です。じゃんじゃん海に飛びこんで、ボクたちの船に向かってくるんだよ。
次は、"アフリカン・ペンギン"が見れるところ、"ボルターズ・ビーチ"。うっわ〜〜！　今度はめちゃめちゃたくさんのペンギンだ！　ペンギンは「テクテクテク……」って歩き方もかわいいけど、"ぺとっ"って座る姿が特にかわいい！　アルゼンチンのペンギンとは違う種類だね。
それから、また🚌で南へ。いよいよ喜望峰自然保護区へ入りました。バスを降りて展望台に登ります。ケーブルカーでも登れるけど、キモチがいいので歩きました。
やっほ〜！　ここはアフリカ大陸の南の果て！

第3章　アフリカ
南アフリカ共和国 2006/11/18-11/26

◎アパルトヘイト。ボクがこの国に生まれていたら……。

次に参加したのは、もうひとつの南アフリカの顔、"タウンシップ"ツアーです。

このツアーは、お母さんが、ボクたちを連れてぜひ参加したいと考えていたツアーです。

"タウンシップ"というのは、黒人だけが住んでいる貧しい地区です。南アフリカでは、1948年から1990年位まで、"アパルトヘイト"（日本では"人種隔離政策"っていうんだよ）の時代があり、黒人は差別を受けていました。住むところも、強制的に区分けされ、貧しいバラックの家が立ち並ぶ、電気や水道も通っていないような地域に住まわされました。ここケープタウンでは、空港から町に行く途中の両側に、ずら〜〜っと並んでいます。屋根がこわれそうで、ふきとびそうに見えました。

この間、ツアーで行った美しい喜望峰や、外国人用のホテルが並ぶ町の中心とは、まったく別の世界です。

人間が人間を肌の色で差別した時代（アパルトヘイト時代）が、ほんの少し前まであったこと。黒人は住むところや、仕事も差別されてきたこと。差別は今、なくなったというけど、現実は、まだ完全にはなくなっていないこと。差別によって、今でも仕事がなくて、苦しい生活を送っている人々がいること。それらを、知って、理解してく

ボクは黒人さんがこわかったけど、ツアーのガイドも黒人さんで、その人がとても楽しくて優しかったので、もうこわくないと思いました。いい人でとてもよかったです。ガイドさん、ありがとう！

↑↓ケープタウン中心の町並み。

↑↓タウンシップの町並み。

134

パンチはこうだよ！

↑タウンシップの中の幼稚園。おどりも見せてくれた。お礼にアニメのシールをプレゼント。

→タウンシップの子どもたち。折り紙で紙ひこうきをつくってあげたよ。

ださい、そして、これからどうすればみんなが幸せになるのか、いっしょに考えて下さい、というツアーだそうです。

このツアーのガイドさんは、黒人ではなく、ボクたちよりちょっと色が黒いぐらいの人でした。有色人種というそうです。黒人だけでなく有色人種も差別されていたそうです。ということは、黄色人種のボクがもしこの国に生まれていたら、差別を受けたかもしれない、と知って、おどろきました。

ここの地区の人たちは、自分で家を作っていました。壁はコンクリートではなく、トタンという、うすっぺらいプラスチックのような板です。ボクは、自分で家を作ってエライ！　と思いました。

◎空手と折り紙で友だちになれた！

タウンシップの中に入って、車から外に出ました。すると、黒人の子どもたちがたくさん集まってきました。たくさんの子どたちに囲まれて、空手の型を見せたりしました。折り紙を渡すと、みんな「何か作って！

第3章　アフリカ
南アフリカ共和国 2006/11/18-11/26

作って！」というので、カンタンな飛行機を作ってあげました。すると、またまたたくさんの子どもたちがよってきて、「ボクも！ ボクも！」というので、どんどん作ってあげました。作っても作っても、「また作って！」というので大変でした。みんなとてもよろこんでくれました。
みんなで笑顔で、元気いっぱいだった。みんな、ありがとう！

ヌンチャクも貸してあげたよ

タウンシップの幼稚園で、ハイ、ポーズ！

◎アフリカのバスはフトンが必要？

ここケープタウンから夜行バスで20時間、次の国ナミビアに行きます。はじめてのアフリカのバスだよ！ で、バスに乗ったら、とってもおどろいた！　それは、バスは普通だけど、中に入ると、席が、右に3席、左に2席になっていたからです。普通のバスは2席、2席です。ボクたちでも、せまいと思うのに、アフリカ人は体が大きいので、めちゃめちゃキュウクツだと思います。なんと、その上に、アフリカ人は、みんな"フトン"を持ってバスに入っていきます。
満員で、座れずに立っている人もいます。トイレの前は、荷物とフトンで、山盛りです。トイレのドアは開けることができません！
南アフリカ共和国は、日本とは季節が反対なので、今は夏です。それなのに、なんでフトンを持ってきてるのでしょう!?
昼間のバスの中は、冷房がきかなくて、サウナみたいで、汗ダラダラでした。でも夜は冷房がききすぎて、ガンガン寒くなりました。冷房を止めればいいのに、止めません。だからフトンは必要なんですね！　ボクたちは寝袋があるから大丈夫でした。

第3章　アフリカ

ナミビア
Namibia
2006/11/26-12/9

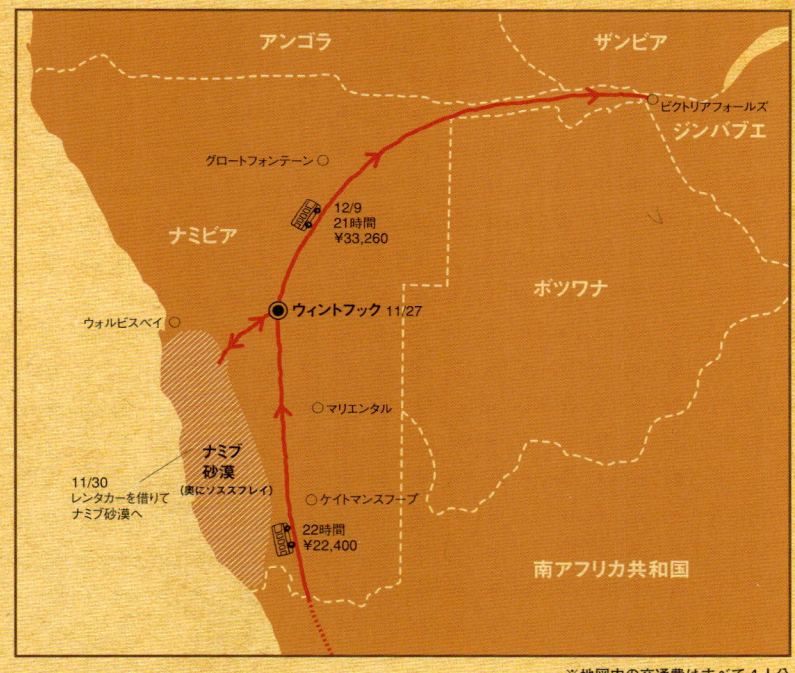

地図内:
- アンゴラ
- ザンビア
- ビクトリアフォールズ
- ジンバブエ
- グロートフォンテーン
- ナミビア
- 12/9　21時間　¥33,260
- ウォルビスベイ
- ウィントフック 11/27
- ボツワナ
- マリエンタル
- ナミブ砂漠（奥にソススフレイ）
- 11/30 レンタカーを借りてナミブ砂漠へ
- ケイトマンスフープ
- 22時間　¥22,400
- 南アフリカ共和国

※地図内の交通費はすべて4人分

トラベルメモ

【面積】日本の2.2倍
【人口】日本の62分の1
【治安】良い！
【言語】英語、アフリカーンス語など。
【お金】ナミビアドル。1ナミビアドル＝16円
【物価】日本と同じぐらい。
【行って良かったところ】朝のナミブ砂漠！
　　（ぼくたちはケニアに行くから行かなかったけど、
　　北部のエトーシャ国立公園ではライオンやヒョウも見れる）
【宿泊費用】首都ウィントフック 1人1泊 約1,000円
　　砂漠のホテル（安宿はない）4人1泊 食事付、約13,000円

世界の友だち

トーマス

第3章 アフリカ
ナミビア 2006/11/26-12/9

◎ナミブ砂漠へ出発！

朝、ナミビアの首都ウイントフックにつきました。暑くて、寒くて、せまかったので、めざめが悪いです……。

ホテルは、満室だったり、高かったりで、なかなかありませんでした。ナミビアは今が一番観光客が多いシーズンだそうです。

満室だったホテルの人が、親切に他のホテルを紹介してくれました。そこが、"ウニット・バックパッカーズ"というところです。

部屋はきれい。プールがあって、ビリヤードもできます。きれいな台所も使えるし、とってもいいところです！

今日は、ホテルに泊まっている外国の人たちと、ビリヤードをしました。初め、ボクが「ハロー」と声をかけてみると、その人たちはニッコリして、答えてくれました。そして、いっしょにビリヤードをしました。ル

アメリカ人の大学の先生。

ジンバブエから来たお兄さん。

ビリヤードでみんなと仲良くなった。

な、なんと、砂漠へ行く途中、自転車で旅をしている日本人のお兄ちゃんに会いました！ケニアからこの自転車で来たって。すごすぎるう！

ナミブ砂漠にしずむ夕日。

ールも教えてもらいました。このホテルにはジンバブエ人、アメリカ人、アンゴラ人、ガーナ人、ザンビア人、コンゴ人、南アフリカ人などいろんな国の人がいます。日本人はいません。みんなとてもやさしくて、毎日いっしょに遊びました。

    *   *

いよいよ砂漠へ。レンタカーをかりて出発だ。

目指すは、ナミブ砂漠。ガイドブックによると、世界最古の砂漠のひとつだそうです。ちゃんとした道はここまで。道はすぐ、砂の道になったよ。今にも動物が出てきそうな雰囲気だ！

砂漠の近くにあるホテル。ボクたちにとってはかなり高級。砂漠には安宿はなかったよ。テントを持っていたらキャンプサイトに安く泊まれる。砂漠のホテルの中では、ここは安い方。それでいて、いろんな動物を飼育していて、とってもすばらしいホテルなんだよ。

ミーアキャットだよ。かわいいでしょ！

139

第3章 アフリカ
ナミビア 2006/11/26-12/9

◎オレンジ色の砂漠を目指して。

翌日、広大なナミブ砂漠の一番奥にある、一番美しい"ソススフレイ"という場所を目指しました。"ソススフレイ"は300メートルもの高さをもつ世界最大の砂丘群がえんえんと連なっているところです。着いたのが、お昼前。すごい暑さです。太陽がジリジリ刺すみたいです。

"ソススフレイ"の砂丘に登りました。ボクとひかるは"ぞうり"で来てしまって、足に直接熱い砂がふれます。足がとけそうです。こりゃいかんと、砂があまり深くないところを歩きました。だから頂上にはとても登れませんでした。

砂の熱さもすごいけど、空気もめちゃくちゃあつくて、ボクは、死にそうでした。

ナミブ砂漠2日め。

今日は朝4時にホテルを出ました。砂漠に上る朝日を見るためです。

出たときは、真っ暗でした。道には、全く電気がないので、車のライトだけで進みます。すると、しょっちゅう、ウサギがぴょこんと出てきて、車に向かってきました。パパは、うわっ！とおどろいて、よけました。ウサギが急に何度も出てくるので、困りものです。

国立公園の入り口に着いたのが、朝5時半で、一番のりでした。そして、次々に旅行会社のバスや、たくさんのレンタカーが来ました。

このホテルは馬もシマウマもいるよ。

生後10日の赤ちゃん牛もいたよ。

↑↓砂漠を進むと、インパラやダチョウにたくさん会いました！

昼間の砂漠はひたすら暑いだけだった！

もう暑くてやってらんないよ。ボク、もう、のぼらん！

砂漠に咲いていた花。たくましいなぁ。

熱いときは……プールだ！イェイ！

↓朝の砂漠はチョ〜最高！↓

朝の砂漠は太陽があたってオレンジ色に輝くところと、日かげになるところがあって、砂丘のカーブがくっきりと浮かびあがる。これが昼間にはないすばらしい風景。

第3章 アフリカ
ナミビア 2006/11/26-12/9

そして、朝日が見えてきました。ウツクシ〜〜。
さて朝日と同時に、国立公園の門が開きました。
さあ、朝の砂丘に上ります！ 朝なので、昨日と全然違います！ 砂はひんやりしています！ はだしになりました！ 足が、ずぶずぶと砂に入って、とってもキモチいいです。どんどんのぼって、頂上に着きました。
それでは、この砂の山を一気にすべりおりまーす!! レッツゴー！
砂漠は、朝が最高であることを知りました。
砂丘は、太陽があたる方がオレンジ色にかがやき、反対側にはかげができます。それで、きれいに波打つようなカーブがうきあがります。

◎タイヤが砂にズブズブとはまった！ そのとき！

砂漠から帰る途中、ダチョウがいました。よく見ると、赤ちゃんダチョウをたくさんつれた親子です。「うわ〜！ かわいい」と言って、車をわきによせて止めました。すると……ズブッ！ズブッ！

このダチョウの赤ちゃん（左側）を見るために車を止めたら……

あっという間に、砂でタイヤが半分もはまってしまいました。
パパがあわてて車を動かそうとしたけど、動かそうとすればするほど、タイヤはどんどん深くはまって、とうとうタイヤ全部、砂の中に入ってしまいました。どうしよう……！
このあたりの道路は、たま〜にしか車が通らないのです。困りました。といっても、携帯電話は持たないし、公衆電話などありません。助けを呼ばないといけません。助けをよぶためには、人がいるところにいかないと……。でも、さっきのガソリンスタンドまで歩いたら何時間かかるかなあ？　ああ……困りました。
そのときです！　青色の車が止まりました。
ボクたちの様子を見て、心配してくれたのでしょう。車には白人の若いお兄さんと、中年のおじさんが乗っていました。その若いお兄さんが、タイヤと砂の様子を見て、ボクたちの車の運転席に座りました。
そして、エンジンをかけて、ハンドルの近くにあるスイッチを押しながらブオンブオンとふかしたと思ったら、ブオオオン！　という大きな音がして、タイヤはひょいと持ち上がり、砂の中からボッコンと出てきた

砂漠の旅、最後はきれいな"虹"！

第3章　アフリカ
ナミビア 2006/11/26-12/9

んです！
ボクたちはめちゃめちゃおどろきました。魔法みたいです。このお兄さん、すごいです！　ボクたちはあまりに感動して、ぼ〜っとして、「サンキュウ、ベリーマッチ」と何度も言い続けました。お兄さんたちはニコニコして「いいよ、いいよ」と手を振って、すぐに車に乗って、行ってしまいました。
本当に運がいいです。だって、そのあと２時間ぐらい、１台の車ともすれ違うことがなかったからです。本当に本当に助けてくれたあのお兄さんたち、ありがとうございました。何かお礼をすればよかった、住所とか聞けばよかった、とパパとお母さんはしきりに言っていました。
そんなとき、ブラジルのミサ子さんの"親切の恩返し"の話を思い出しました。そうだ、だれか、次に出会った人に親切にしてあげよう！　そうしよう！　ということになりました。
おかげでそれから無事にウイントフックに戻ることができました。本当にありがとうございました！

144

第3章　アフリカ

ジンバブエ
Zimbabwe
2006/12/9-12/25

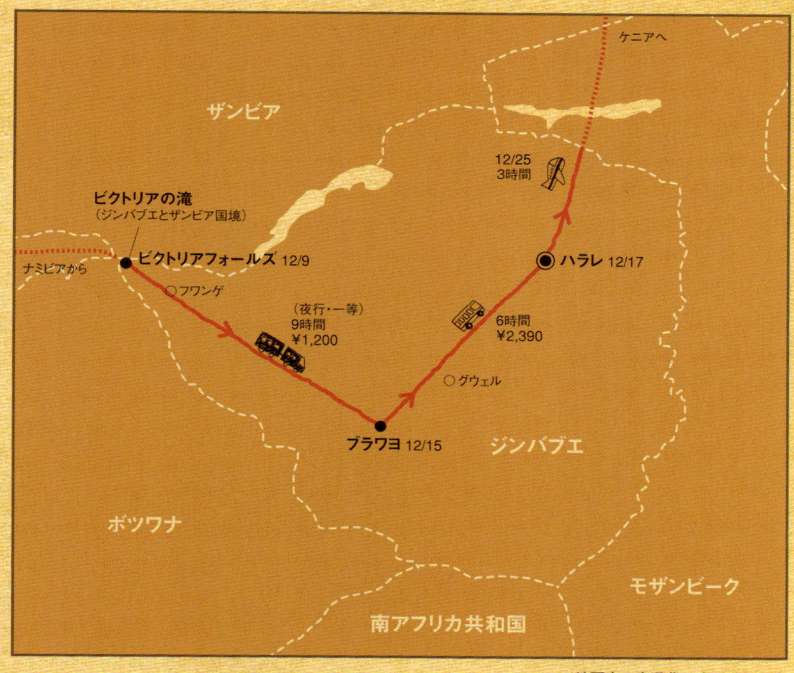

地図内:
- ザンビア
- ナミビアから
- ビクトリアの滝（ジンバブエとザンビア国境）
- ビクトリアフォールズ 12/9
- フワンゲ
- （夜行・一等）9時間 ¥1,200
- ブラワヨ 12/15
- グウェル
- 6時間 ¥2,390
- ハラレ 12/17
- 12/25 3時間
- ケニアへ
- ジンバブエ
- ボツワナ
- 南アフリカ共和国
- モザンビーク

※地図内の交通費はすべて4人分

トラベルメモ

- 【面積】日本よりちょっと広い
- 【人口】日本の9分の1
- 【治安】これまで行った国の中で一番不安定。
  （強盗多い。失業率77%と言われている）。
- 【言語】英語、ショナ語、ンデベレ語など。
- 【お金】ジンバブエドル
  1ジンバブエドル＝約0.05円
  お札に有効期限が書いてあった。
- 【物価】安いが不安定。肉や乳製品は高い。はげしいインフレ。
- 【行って良かったところ】ビクトリアの滝とワニ園
- 【宿泊費用】4人1泊 約500円〜1,200円

世界の友だち

会計士さん、弁護士さん一家。

第3章　アフリカ
ジンバブエ　2006/12/9-12/25

◎落差世界一！　ビクトリアの滝にはサルがいっぱい。

昼はサウナのように暑くて、夜は寒すぎのバスで21時間。やっとジンバブエのビクトリアフォールズという町に着きました。
ここは、「世界三大瀑布」のひとつ、ビクトリアの滝がある町です。「世界三大瀑布」とは、アメリカとカナダ国境の"ナイアガラの滝"と、ボクたちが行ったブラジルとアルゼンチン国境の"イグアスの滝"と、ここです。ここビクトリアの滝は、ジンバブエとサンビアの国境です。
上から、滝つぼをのぞくと、ひえ〜〜、こわい！　滝のけむりで下まで見えないよ。108メートルもあるんだよ。
この国立公園は、滝もすごいけど、サルが、めちゃおもしろ。人間を"へ"とも思っちゃいないよ。人間なんて"フン！"って感じ。堂々と、道の真ん中にねそべって、"ノミとり"してるんだ。
そして、この町で最高によかったところは、"ワニ園"。
ワニ園に行くために、5キロも歩きました。ここは、赤ちゃんワニをさ

↑↓ビクトリアの滝は、落差が108メートルで世界一！音のはげしさも世界一だと思う。

わらせてくれるんです！

◎ああ、ボクの食あたり体験記。

夜中から急に、おなかが痛くなりました。最初は下痢でしたが、そのうち、吐くようになって、夜中には20分ごとぐらいに吐きました。みんな心配してくれたけど、吐くのは、止まりませんでした。
朝になって、病院に行きました。なにかのバイキンによる食あたりだと言われました。吐くのがおさまるように注射をうちました。
クスリをのんだけど吐いてしまいました。でも、少しラクになって、寝ました。
起きても、何も食べる気になりません。ずっと寝てました。その間、パパとひかるは、200歳の"バオバブの木"を見にいきました。
お母さんがお米とりんごを買ってきました。「"おかゆ"をつくらせて下さい」とホテルの人にたのんだそうです。ボクは、"おかゆ"なら食べれる気がしました。できた"おかゆ"を少し食べました。そして、また寝ました。
本当は、今日この町を出発するつもりでしたが、ボクの調子がよくなるまで待つことになりました。
次の日、吐くことはなくなりました。でも体がだるいので、ずっと、寝ていました。パソコンで「ハルとナツ」のＤＶＤを見ました。ブラジルで買ったもので、ブラジル

↑ビクトリアの滝の国立公園の名物（？）サル。
↓ワニ園。ド迫力！

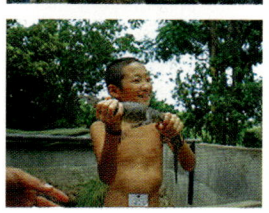

↑ほんとに赤ちゃんワニをさわっていいの？ちょいこわ。

インパラもよく見かけるよ。

町をうろうろしてるイノシシの親子。

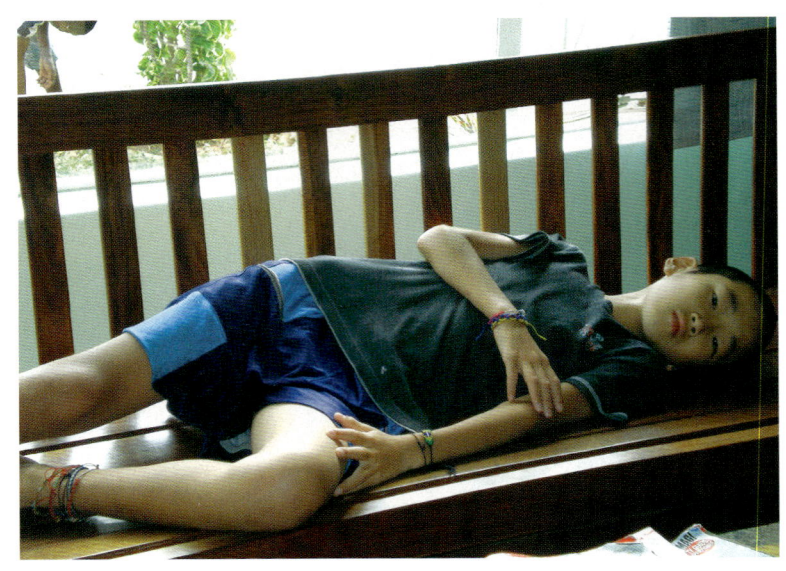

第3章　アフリカ
ジンバブエ 2006/12/9-12/25

病院の待合室のイスでダウン。

移民の人の物語です。ボクはブラジルを思い出しました。

◎ "格安一等車"で首都ハラレへ。

4日めの朝、気持ちよく起きました。もう、だいじょうぶです！　体がふんわり軽かったです。
その翌日、ボクの調子がよくなったので、夜行列車の"一等車"で"ブラワヨ"という町に行きました。
列車は古いけど、けっこうごうか！ カイテキ！　4つベッドの部屋だよ。ここで一晩寝たら、明日の朝にはブラワヨに着きます。
この"一等車"、いくらだと思う？ 大人9600ジンバブエドル（約480円）、子どもは半額

200歳のバオバブの木。観光地だから、警官が守ってる。

ジンバブエ鉄道の"一等車"。

線路は電車が通らないときは、みんなが歩いている。日本では線路の中を歩くなんてないよね。おこられちゃうよね。

白いのは"サザ"。ジンバブエのごはん。トウモロコシの粉をお湯でねった"もち"みたいなの。

ブラワヨのホテルでジンバブエ人の２家族と出会ったよ。

だよ。めちゃめちゃ安いね！

さぁ、ブラワヨに着きました。ブラワヨはジンバブエで２番めに大きな町です。

泊まった"バックパッカーズ"（ホテル）で、ハラレに住むジンバブエ人２家族と仲良くなりました。

２家族のお父さんは、弁護士さんと会計士さん。ボクたちと同じで、ビクトリアの滝に行った帰りだった。毎年、車で家族旅行するそうです。

共同のキッチンでお母さん同士が仲良くなって、すっかり友だちになり

第3章 アフリカ
ジンバブエ 2006/12/9-12/25

ブラワヨのバスターミナル。

ハラレ行きのバスの車内。

ました。

＊　　　　　　　　＊

次は首都ハラレに向かいます。

今日は朝6時に起きて、バスが出るところに行きました。そのバスは、ハラレに行くバスの中でも一番高いバスです。ジンバブエは治安が悪いので、安全のため、途中で止まらない高級バスに乗ったほうがいいと思ったからです。しかし、満席で乗れませんでした。

仕方ないので、タクシーに聞いて、ふつうのバスターミナルに行きました。バスターミナルは、すごいごちゃごちゃでした。グアテマラやホンジュラスと似ています。なんだかなつかしく思い出しました。

タクシーのおじさんが、「ハラレに行くには、あれが一番早いよ」と教えてくれました。そして、タクシーを降りて、そのバスの近くに行くと、すぐ「ハラレか？　乗れ！　乗れ！」と押しこまれました。すでにぎゅうぎゅうです。それでも乗らないと、ハラレに着くのが夜になったら困るので、乗りました。

出発して、1時間半後、小さな町に着きました。バスが止まると、たくさんの人たちが、ドオオ〜〜と走ってきて、いろんな物を売りにきました。トウモロコシやジュース、おかし、パン、ボールペンなど。あまりのすごさに、窓をしめていたら、窓をドンドンたたいて、「買って！　買って」と言います。バスがボロなのでこわれそうなくらいでした。

やっとバスが出発しました。バスが走り出しても、もの売りは走って追いかけてきました。みんな必死なんだとわかりました。とてもすごかったです。

これは、ジンバブエ国立アートギャラリー。石の彫刻とかおもしろいものがいっぱいある。ジンバブエってかなりゲージュツ的！

ジンバブエのお札。有効期限つき！ まん中に、「2007年7月31日まで有効」と書かれている。

町を出ると、ずっ〜〜とジャングルです。時々、野生の馬やロバなどがいます。ゾウもいるそうです。

やっと6時間たって、ジンバブエの首都ハラレに着きました。ハラレは、とてもキケンで、「荷物を持っている時は、どんなに近くても、絶対歩いてはいけない」と聞いていました。だから、すぐタクシーに乗り、"パーム・ロック・ビラ"というホテルに行きました。

"パーム・ロック・ビラ"は、日本人があつまる安宿です。といっても、ジンバブエを旅する日本人は少ないです。

そういうことは全部、旅で出会った人や、情報ノートから教えてもらいます。

"パーム・ロック・ビラ"の入り口には、人が何人も座りこんでいて、ちょっと不安になりました。

でもホテルの人は親切で、3つベッドがある部屋に案内してくれました。窓もあるし、机もあって、いい感じでした。それで、1部屋1万ジンバブエドル（約500円）です。すごい安いです。共同のキッチンもあります。

ここにも情報ノートがありました。ここに来た日本人が、いろんなアフリカの情報を書いてくれています。ガイドブックにはのっていません。これを読んで、危険な目にあわないようにします。

情報ノートをさっと読んで、パパとお母さんは、スーパーに行きました。もうすぐ日が暮れます。日が暮れると危険なので、夕ごはんは外に行かない方がいいからです。ボクたちもスーパーに行きたかったけど、今日は町の様子がわからないのでがまんしました。

第3章　アフリカ
ジンバブエ　2006/12/9-12/25

ハラレの町。

日本の車が走ってるよ！

ハラレの町なかにある中華レストラン。何回も行ったから、仲良くなっちゃったよ！

パパは、安全のため、ヌンチャクをブラブラさせて持って行きました。ヌンチャクを持っていると強そうに見えるからです。そして、20分後、パパとお母さんが帰ってきた時は、ほっとしました。お米は、ボクがナベで炊きました。あとはキャベツ入りラーメンをつくりました。

◎ハラレの町歩きは要注意！

今日は昼間、ハラレの町を歩いてみました。
ホテルから10分ぐらい歩くと、もう町の中心です。ビルもあって、店もたくさんあり、ファーストフードのお店やスーパーもあって、人もたくさん歩いていました。
ホテルの周辺は、人通りが少なく、道ばたには、何もしていない人が何人もいて緊張しましたが、この中心部は大丈夫そうでした。特に気をつけることは、ホテルの近くの"5番通り"です。絶対通ってはダメだそうです。だから、ボクたちは、いつも"6番通り"から、まわり道をしました。
おととい、ここに泊まっている日本人のお兄ちゃんが、"5番通り"でおそわれました。リュックとサイフをとられました。相手は3人組だったそうです。サイフはベルトにチェーンでくくりつけていたそうですが、ちぎられたそうです。
だから、カメラは持ち歩けません。何も持たずに歩くのが一番いいのです。お金はシャツの中にしまいます。
しばらく歩いて、中華料理の店をみつけて、入りました。
ジンバブエで一番大きいショッピングセンターにも行ってみました。

一番大きいというから期待しましたが、特になにもありませんでした。
スーパーで買い物をして帰りました。スーパーにはモノはあることはあるけど、なんか、野菜も、しなびています。お菓子もおいしそうなのがなくて、ほしいものがなかったです。お母さんは、肉やハムなどの値段が高いのにおどろいていました。ハムやソーセージは日本より高いぐらいです。ボクたちはジンバブエに入って10日以上たちますが、毎日、モノの金額がどんどん上がっていきました。10日前には、フルーツジュース（1リットル）は、4400ジンバブエドル（240円）でしたが、今日は7600ジンバブエドル（380円）に上がっていきました。一体どうなっているのでしょう!!

◎忘れられないクリスマス。

弁護士のお父さんが、朝からボクたちのホテルに迎えにきてくれました。家まで車で約1時間かかったよ。リッパな家だった。
しばらくして、会計士さんたちも来たよ。いっしょにおどってうたって、折り紙おって……。それから、会計士さんの家も連れていってもらいました。広い庭があって、野菜も果物も庭で作っていた。ニワトリもたくさん飼っていたよ。
こんなにすばらしいクリスマスをありがとう!!

ブラワヨで会った2家族の人たち。ハラレのホテルに会いに来てくれたよ！クリスマスパーティにさそってくれたんだ！

ハラレ郊外のヤギ屋さん。

クリスマスディナーは、ビーフシチュー、チキン、かぼちゃ、野菜いため、白いごはん、黄色いごはん、そして、"サザ"。とってもおいしかった！　一生忘れない！最高のクリスマス！

みんなで、アフリカンダンス！"腰"と"足"の動かし方がスゴイよ。

第3章　アフリカ

ケニア
Kenya
2006/12/25-2007/1/5

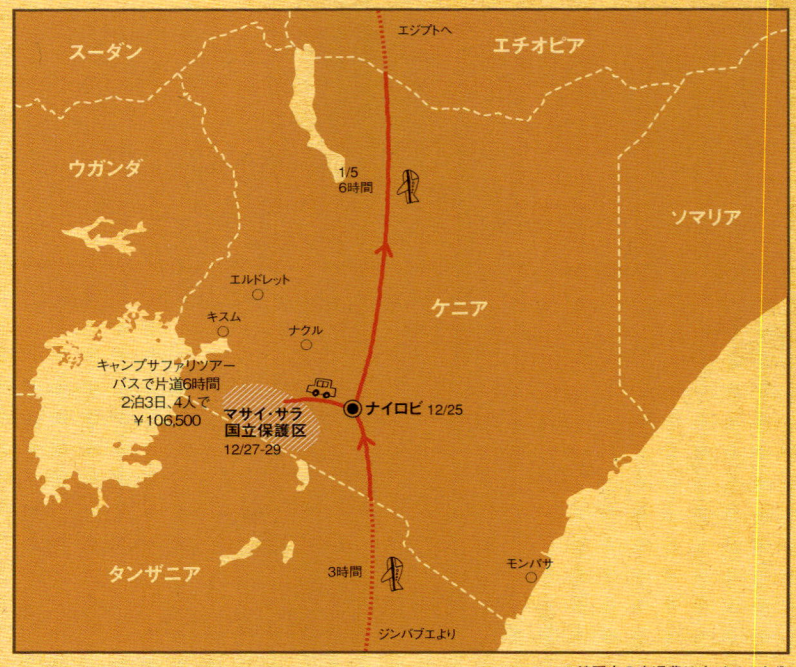

地図内表示:
- スーダン
- エジプトへ
- エチオピア
- ウガンダ
- 1/5 6時間
- エルドレット
- キスム
- ナクル
- ソマリア
- ケニア
- キャンプサファリツアー バスで片道6時間 2泊3日、4人で ¥106,500
- マサイ・サラ 国立保護区 12/27-29
- ナイロビ 12/25
- タンザニア
- 3時間
- モンバサ
- ジンバブエより

※地図内の交通費はすべて4人分

トラベルメモ

- 【面積】日本の1.5倍
- 【人口】日本の4分の1
- 【治安】ナイロビは世界3大アブナイ町と言われている。
  ジンバブエのハラレよりは少しいいと思った。
- 【言語】スワヒリ語、英語もわりと通じる。
- 【お金】ケニアシリング。1ケニアシリング=1.7円
- 【物価】安め。しかしサファリは
  1日50ドル→80ドルへ値上げ。
- 【行って良かったところ】マサイ・マラ動物保護区
- 【宿泊費用】1人1泊 約630円

世界の友だち

サファリツアーで一緒だった、
スーダンに住むベトナム人のお兄ちゃん

◎世界三大アブナイ町!? ナイロビに到着。

ナイロビに着きました。ここは、"世界三大アブナイ町"だそうです。ボクたちはこわごわでした。あとの2つは、南アフリカ共和国のヨハネスブルグと、ナイジェリアのラゴスだそうです。3つともアフリカなんだね〜。
すぐタクシーで、サファリを企画する"プラネット・サファリ"という会社へ行こうと思っていました。そこでサファリを申し込めば2泊タダで泊めてくれるからです。
ただ、今日はクリスマスで、どこもお休みなので、空港から電話をしてみました。すると、空港にも事務所があるので、迎えにきてくれることになりました。
というわけで、空港でサファリを申し込み、町なかの"プラネット・サファリ"まで送ってもらいました。
空港を出てすぐ、いきなり、キリンが見えました。オドロキ！ナイロビ国立公園は空港のすぐそばにあるのです。ナイロビの町はクリスマスの飾りがきれいで、たくさんの人がきれいな服を着ていて、教会に行っていました。お店は休みが多かったです。
"プラネット・サファリ"があるビルに着きました。車を降りると、「サファリ！　いかないか？」「うちのサファリ安いよ！」とか、たくさんの黒人がいっきによってきました。ビックリして、さっさとビルの中にかけこみました。それでも何人かついてきて、こまってしまいました。
"プラネット・サファリ"は、泊まれるけど、昨日から水が出なくなっていました。断水はよくあるそうです。だから、トイレも流れません。なので、そこに泊まるのはやめて、"ニュー・ケニア・ロッジ"という安宿に行こうと思いました。
でも、"プラネット・サファリ"の人が、「あのへんはキケンだから、行かない方がいい。他の安いホテルを紹介するから、そこへ行きなさい」と言います。
"ニュー・ケニア・ロッジ"があるところは、ダウンタウン（下町）と呼ばれるところです。ガイドブックには、「ダウンタウンには絶対行ってはいけない」と書いてありました。

第3章　アフリカ
ケニア　2006/12/25-2007/1/5

でも、"ニュー・ケニア・ロッジ"は、そのダウンタウンの入り口だから大丈夫という人もいます。それに、"ニュー・ケニア・ロッジ"は、日本人がよく泊まっているので、情報交換ができるのです。でも、どのくらいアブナイかわからないので、泊まるかどうかは迷っていました。

しかし、現地の人に、キケンだと言われて、こわくなりました。だから、今日はその紹介してくれたホテルでいいや、と思って、連れていってもらうことにしました。でも、"プラネット・サファリ"を出ると、ひとりの男の人が、「ニュー・ケニアはちゃんとしてるから大丈夫だ。あそこにいけば日本人もいる。歩いていけるから、連れていってあげよう」と言いました。この人は、車を降りたとき、"プラネット・サファリ"の名刺を見せた人です。それで、現地の男の人4人に囲まれ、歩きました。それで無事、着きました。

◎マサイ・マラ国立保護区へ。

サファリに行くのは2日後。なので、今日は1日、ナイロビを歩きました。ナイロビはたしかに安全とは言えないけど、ジンバブエのハラレよりは安全だと聞いていました。また、"ニュー・ケニア・ロッジ"より奥のダウンタウンには行かないこと。公園はすべてキケンだから入らないこと。夜は歩かないこと、を守りました。

↑ニュー・ケニア・ロッジには、日本人がふたり、韓国人が2人、パキスタン人が1人、白人もいたよ。↓ニュー・ケニア・ロッジで再開した韓国人のお兄ちゃん。

↑奥の3匹はトムソンガゼル。手前は"つの"がきれいなウオーターバック。
↓キリンの大群だ！

マサイのゾウはでかい！

バッファローって、よくみると顔がかわいい？

シマウマは意外にポッチャリしていた。

メスのライオンはキリッとしてるなぁ。

ボクが一番うれしかったのは、このチーターと会えたこと。

泊まったキャンプサイト。

電気もないからコーラの瓶に差しこんだロクソクで夕ごはん。

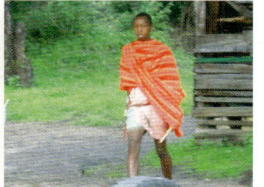

彼はマサイ人。ここマサイ・マラを守っている。細くて足が長くて背が高いよ！

だから、特にキケンなことはありませんでした。ジンバブエのハラレよりは歩きやすかったです。
さあ、待ちに待ったマサイ・マラ国立保護区へ行きます。
小雨がずっと降っていたけど、た〜〜くさんの動物が見れました。泊まったキャンプでのごはんも、ものすごくおいしかった。電気もないのに、すごいと思います！　おいしいごはん、ありがとう！

第3章　アフリカ
ケニア 2006/12/25-2007/1/5

ウォ〜！　ライオンのオスにも会えた！

さて、マサイ・マラ最後の日になりました。ずっと雨だったけど、今日は雨が止んでます。なにかいい予感？

朝ごはんを食べて、バスに乗りました。すると、バスに乗って、30分後、ヒョウが出てきました。ヒョウは、遠くて小さく見えたけど、とてもうれしかったです。

その次は、ボクが、一番見たかったチーターが出てきてくれました。ひや〜〜かっこいい！

チーターは最初、草原の向こうにいたけど、ゆっくりゆっくり、堂々と、ボクたちの車の近くに向かって歩いてきました。「やった〜、こっちにくるよ！」とよろこんでいると、どんどん、近くなってきました。チーターは、とうとうボクたちの車のすぐ前の道を、ゆっくり横ぎって、また草原に入っていきました。

草原に入ると、それまで、ゆっくりしていたインパラたちが、緊張した感じでサッと逃げていきました。

チーターは、ずっと、ゆっくり、歩きました。インパラたちは、かなり遠くから、その様子を気にして見つめていました。

小雨がつづいて、道がドロドロ。ぬかる　　日本の車（コマツ）で引っぱるよ！
んで動けない。

もう〜〜〜〜感動です！　ボクはめちゃくちゃドッキンドッキンしていました。
それから、またまたラッキー！ ライオンのオスがいました！　今日はすごいです！

◎どろんこの道を3時間かけて帰ったよ。

これで、ボクたちが見たのは、
　　サバンナモンキー、ヒヒ、セグロジャッカル、イボイノシシ、ブチハイエナ、アフリカゾウ、シマウマ、マサイキリン、ライオン、ヒョウ、チーター、バファロー、ヌー、エランド、ウォーターバック、インパラ、ブッシュバック、トムソンガゼル、グランドガゼル、トピ、ディクディク、アフリカハゲコウ、ハゲワシ、ダヒョウ、カンムリヅル、ハタオリドリ、ホロホロチョウ

全部で27種類の動物を見ました。
マサイ・マラはほんとうに最高でした！
でも、降りつづいた雨で、道がぬかるんで、めちゃめちゃになっていました。土はねんどのようになってしまいました。
帰る途中、バスが何台も止まって、ぜんぜん進まないので、降りて一番先に行ってみました。すると、一番前のトラックが、ぬかるみにはまって、みんなで、押していました。
でも、全然ビクともしていませんでした。それを助けにタイヤがデカイ

第3章　アフリカ
ケニア　2006/12/25-2007/1/5

車が来ました。なんと日本の車でした。はまったトラックを引っぱりました。それでも、なかなか、抜けませんでした。やっと、1時間後、トラックが抜けました。

しかし、道がめちゃくちゃなので、ここを通ればまた他の車がはまります。だから、大きなタイヤの、土をならす車が来て、道を平らに作りはじめました。3時間ぐらいかかって、やっと通れるようになりました。でもそのあとも、道はめちゃくちゃで、車はななめになって、ひっくり返りそうになってヒヤヒヤしたり、タイヤがはまって車を押したり、いろいろありました。

結局、ナイロビまで普通6時間なのに、12時間もかかりました。

"プラネット・サファリ"に着くと、日本人が何人も泊まっていました。断水がなおったのかな？　と思ったら、なおってないそうです。でも雨がふっているので、それをためて、トイレに使っていました。なるほど、いいアイディアだね！　ボクたちも、今日はここに泊まることにしました。

明日、マサイ・マラに出発の予定の日本人のお兄さんがいました。すると、マサイ・マラは道があまりにもめちゃくちゃになったので、しばらく閉園するそうで、とても残念そうでした。

明日からのマサイ・マラツアーはみんな"アンボセリ"（アフリカで一番高いキリマンジャロ山が見える国立公園）に変更になったそうです。アンボセリもすばらしいですが、ボクにとっては、やはり、肉食動物が多いマサイ・マラがよかったので、行けてよかった、運がいい！　と思いました。

◎銃声がなりひびいたおおみそか。

ケニアでおおみそかを迎えました。日本人のお兄ちゃんが「何か、日本食を作りませんか？」と言いました。20分ぐらいバスに乗った高級住宅街に、日本食の材料が手に入るスーパーがあるそうです。

ボクたちはよろこんでいきました。"とうふ"と"しょうゆ"と"はるさめ"が手に入りました。それで、"すきやき"ができました～！　う～～んいい匂い！　うまそうです！　かんぱ～い！

おおみそかは"すきやき"パーティ！　　　"ニュー・ケニア・ロッジ"の部屋の窓から見たダウンタウン。ここをまっすぐ３分歩けば"プラネット・サファリ"のビルに着く。

"すきやき"をおなかいっぱい食べて、満足して、寝たその夜中のこと。女の人のさけび声と"銃声"が２発、なりひびいたそうです。何があったのかわからないけれど、夜は決して歩いてはいけないです。
本当はケニアの次は、エチオピアでした。でも、エチオピアがとなりのソマリアと戦争を始めたので、とても残念だけど、行かないことにしました。

第3章　アフリカ

エジプト
Egypt
2007/1/5-1/16

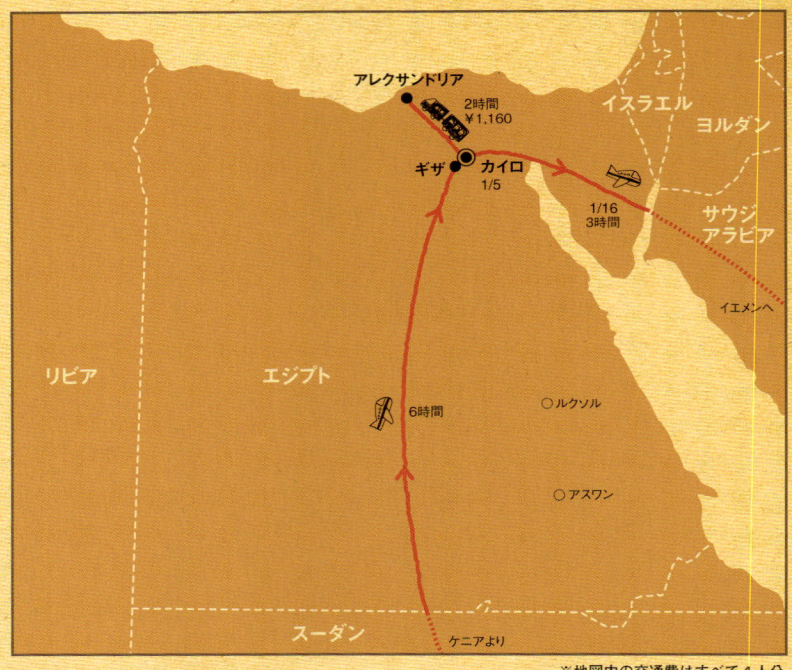

地図内：
- アレクサンドリア　2時間　¥1,160
- ギザ
- カイロ　1/5
- 1/16　3時間
- 6時間
- ○ルクソル
- ○アスワン
- イスラエル
- ヨルダン
- サウジアラビア
- イエメンへ
- リビア
- エジプト
- スーダン
- ケニアより

※地図内の交通費はすべて4人分

トラベルメモ
- 【面積】日本の2.7倍
- 【人口】日本の3分の2よりちょっと少ない
- 【治安】よい！イスラムの人はほんと親切！
- 【言語】アラビア語、英語もわりと通じる。
- 【お金】エジプトポンド。1エジプトポンド＝20円
- 【物価】めちゃ安！庶民食コシャリは1杯40円から。ファラフィルのサンドイッチは2つで20円！
- 【行って良かったところ】ピラミッド、カイロ博物館
- 【宿泊費用】4人1泊約1,200円

世界の友だち
パピルス屋の陽気なおじさんたち

首都カイロの町並み。

◎お母さんの荷物がなくなった！

エジプトの首都カイロに着きました。到着早々、ガ〜〜ン！ 飛行機にあずけたお母さんの荷物が、出てきません！
空港の人に言って、すぐ調べてもらいました。でも、「飛行機の中にはありませんでした」と言われました。
空港の人は「荷物が出てきたら、連絡します。そして、ホテルまで届けます」と言い、書類をつくってもらいました。
そのバッグには、家族4人の服が全部入っていました。ということは、パンツもないってことです。さっそく買わなくてはなりません。そして、連絡を待つしかありません。

泊まった安宿"ベニスホテル"から見た果物屋台が並ぶ路地。

その路地にはおいしいパン屋もあったよ。

163

第3章　アフリカ
エジプト　2007/1/5-1/16

◎3300年前のツタンカーメンの黄金のマスク。

カイロでは、まず最初に、エジプトのカイロ博物館に行きました。
ここは5000年にわたるエジプトの歴史の大切なものが納められているところです。
ボクが楽しみにしていたのは、ミイラとツタンカーメンの黄金のマスクです。特に、入場料が別にかかる"王様のミイラ"が楽しみでした。
ミイラはびっくりするほどたくさんありました。
また王様のミイラは別室で大切に保存されていました。さすが王様！ だね。
ミイラは南米のアンデス地方でも見ていて、見ただけでは違いはわからなかったけど、ミイラの作り方が違うのだそうです。
次は、ツタンカーメンの部屋です！　ツタンカーメンは、9歳で王になって、18歳で死ぬまで、王様だった人です。黄金のマスクは、とても美しいけれど、とても重そうでした。マスクの重さは、11キログラムもあるそうです。それに、これが3300年前のもので、お墓が発見されたときに、ミイラがかぶっていたものと知って、びっくりしました。
その他にもたくさんの宝石が飾ってありました。3300年たっているのに、さびてないのが不思議でした。それと、カナブンやカブトムシみたいな虫の形をしたものが、腕輪やネックレスにくっついていておもしろかったです。
またボクは"パピルス"に興味をもちました。"パピルス"というのは、古代エジプトの紙です。草をうすく切って平行に並べて、その直角にまた平行に並べて、上から押して水分を出して、平べったくしてできます。
昔のエジプトの人は、これに、絵や文字を書いたそうです。パピルスはさわると、紙とちがって、かたいです。書かれている絵は、古代エジプトの神々の話で、とてもきれいです。

◎ピラミッドとスフィンクスを見るラクダツアー。

いよいよ今日は、ギザというところにあるピラミッドとスフィンクスを

見にいきました。
カイロからバスに乗っていきます。1時間ぐらい行くと、バスからもうピラミッドが見えてました。「うわ〜〜〜！ 見える見える！」とよろこんでいると、バスに乗っていたエジプト人のおじさんが「ピラミッドなら、次で降りた方がいいですよ」と声をかけてきました。

ピラミッドは見えていたので、そうかと思って降りると、そのおじさんも降りて、「こっちですよ」と言います。おじさんはいい人そうだったので、いっしょに行きました。

行ったところは、ピラミッドツアーをやっているところでした。「な〜んだ、ツアー会社の客引きの人かあ」とちょっとがっかりしました。

それは、ラクダツアーはトラブルが多い、と聞いていたからです。でも、そのツアー会社の男の人と話をしてみると、いい人そうでした。

お母さんは、ボクたちにラクダに乗ってピラミッドを見せてあげたいと思っていたので、ツアーにすることにしました。

最初は、ボクとお母さんがラクダに乗りました。パパとひかるは、馬に乗りました。途中でラクダと馬を交代しました。やっぱりラクダよりも、馬が乗り心地良かったです。ガイドさんが案内してくれて、ピラミッドがよく見えるところに行きました。

大きなピラミッドが3つありました。しかし、ピラミッドは3つだけではありません！ あと6つ、小さいけどピラミッドが横にあるんです。だから全部で9つです。

一番大きいクフ王のピラミッドは、高さ147メートルです！ そして、なんと、ピラミッドは、4500年ぐらい前に作られたものなんです。うひょ〜！ピラミッドの中に入ることができました。せまいトンネルのようなところを行きます。中はむっと熱くて、空気がうすいような、息苦しいような気がしました。そこを抜けると広い部屋に出ました。そこは王様の部屋だそうです。

パピルスに描かれた絵。

第3章　アフリカ
エジプト　2007/1/5-1/16

次は、スフィンクスのところに行きました。

スフィンクスは、頭が人間で、体はライオン、という不思議なものです。これも4500年も前のものです。

4時間たっぷりピラミッドを見て、たくさん感動して、帰る途中、パパとお母さんはガイドともめていました。ガイドが「もっとチップをくれ」と言っているのです。

でも、これはツアーなので、「ツアー料金以外は1円もいらないからね」とツアー会社の男の人が何度も言っていました。でも、チップは、"感謝の気持ち"です。ガイドのモハメッドは、最後には"馬で思い切り走ってみたい"というボクたちの希望をかなえてくれたので、お母さんはチップを50ポンド（1000円）あげました。

しかし、それでもモハメッドは「少ない！」と首をふりました。

エジプトは物価が安いので、50ポンドは"コシャリ"という現地の食事が25杯も食べられる金額です。

50ポンドじゃ"少ない"と言われて、お母さんは、「？？？」でした。でもこれ以上あげることはおかしいと思うので、それしか出しませんでした。モハメッドは受け取らず、「もっとおくれ」とゴネ続けました。

で、そのやりとりがしばらく続いたので、パパが「ちゃんとお金は先に払っとる！　チップやら払わん！　おれは降りるぞ！　帰る！」と言って、帰りました。

これが1杯40円のコシャリ。　　こっちはミートソースパスタ。

スフィンクスは頭が人間で、体はライオンなんだよ。

ラクダより馬の方が乗り心地がよかったよ。

太陽があたるとピラミッドは黄金色に輝く。

一番大きい、高さ147メートルのクフ王のピラミッドをひとつまみ！

◎消えたお母さんのバッグのこと。

さて、エジプトに来て5日たちました。空港でなくなったバッグは見つかっていないのか、何も連絡はありません。
それで、今日は、朝から空港に行って、探してもらおうと思います。ないならないで、弁償してもらおうと思いました。
荷物をなくした航空会社に行くと、また、「調べて連絡します。あったらホテルに届けます」と、5日前と同じことを言います。
お母さんは、「そう言われて、もう5日もたっています。荷物がなくて困っ

第3章 アフリカ
エジプト 2007/1/5-1/16

ています。今すぐ調べて下さい。ここで待ちます」と強く言いました。
やっと、航空会社の人は、あちこちに電話をして、調べはじめました。
すると、バッグはあったから、どこどこへ行きなさい、と言われました。
そのどこどこへ行くと、男の人が来て、ここで待って、と言いました。
でも、なかなか受け取れませんでした。ずいぶん、待たされて、また、
あっちに行け、こっちに行けと、たらい回しされました。こっちは何も
悪くないのに、かなりムッとしました。

もう、3時間がたち、お昼をとっくにすぎて、ボクたちはお腹がへって
きて、きつくなりました。

やっと戻ってきたお母さんのバックパックは、カバーがはぎとられてい
ました。でも、中身は無事でした。よかった、よかった！

外国ではなんでも自分からはっきり言わないと、何もしてくれないんだ
と思いました。

◎エジプトの人たちは信仰熱心なんだ。

エジプトに来て一番すばらしいと思うことは、安心して町を歩けること
です。その次は、食べ物が安くておいしいことです。一番よく食べたの
はやっぱり"コシャリ"。スパゲッティとマカロニとごはんとお豆が入っ
ていて、上にトマトソースをかけて混ぜて食べます。40円でこんなにお
いしくっていいの？　と思います。

また、エジプトはこれまでの国とはちがって、イスラム教の国です。と
ても熱心にお祈りをしています。

お祈りは朝5時ぐらいから始まります。なんと、1日5回もお祈りの時
間があります。ボクたちが泊まっているベニスホテルの近くにも教会が
あって、毎朝5時に、でかい声で"アッラー……アッラー……"という
放送が聞こえてきます。"アッラー"というのは、イスラムの神さまです。
最初はびっくりして、とび起きました。でも、毎朝なので、そのうちな
れました。でも、1日5回あるので、すっかり耳にやきつきました。

市場にも、駅にも、お祈りする場所があります。時間になると、どこに
いても、ひざまずいてお祈りを始める人もいます。この国の人は、"アッ

イスラム教徒のお祈りはとても熱心。

ラー"を本当に大好きなんだなと思いました。

◎エジプトの人たちは親切！

それから、エジプト人は親切な人が多いです。ちょっと立ち止まって、考えていると、「どうしたの？」「どこに行きたいの？」と聞いてくれます。
こんなこともありました。
エジプトの地中海の町アレクサンドリアへ

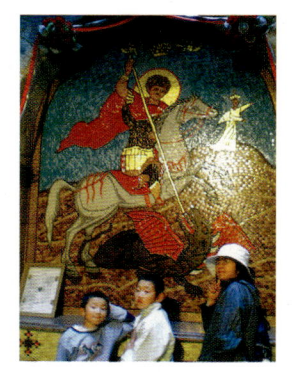

オールドカイロにあるコプト教会の壁画。

行くために、地下鉄で駅に行きました。駅で、キップを買うところはどこかな？　と迷っていると、警察の人がさっとよってきて、案内してくれました。そして、その警察の人は窓口までいっしょに来て、窓口の人に、「アレクサンドリア行きを大人2枚、子ども2枚」と頼んでくれました。「警察も親切なんだな」と思っていたら、「チップをおくれ」と要求

第3章 アフリカ
エジプト 2007/1/5-1/16

してきました。お母さんが、「ない、ない！」と言いました。

そのキップで電車に乗ったら、困ったことがおきました。キップは4枚なのに、2席しかないのです。キップには同じ席番号がだぶって書かれていました。ちゃんと4人分払ったのに……。

ボクたちが困っていると、向かいの席のおじさんが、「どうしたの？」と聞いてくれました。おじさんは、ボクたちのキップを見てくれて、「これは、おかしいね〜」という顔をしました。でも、まわりに空いている席はなくて、どうしようもありません。

ボクたちはせまいところに4人、重なって、座りました。お金は4人分払っているので、損したなあ、と思いました。

しばらくして、向こうから車しょうさんがキップを見にきました。車しょうさんに聞こうと思いました。

すると、ボクたちが聞くより先に、さっきの"向かいのおじさん"が、車しょうさんに、ボクたちのキップのことを説明してくれていました。車しょうさんも、私たちのキップを見て、「これはおかしいね」という顔をしました。車しょうさんは、その車両を歩いて、見渡しました。

すると、ボクたちから遠いところに、1席、また離れたところに1席ありました。車しょうさんは、"向かいのおじさん"と、そのとなりの人に「あそこに移動してくれませんか」と話してくれたようです。それで、おじさん2人がその離れた席に移動してくれました。向かいのおじさんは、席を立ちながら、ニコっと笑って「よかったね」と目で言いました。ボクたちは、ちゃんと座ることができました。おじさん、ありがとう！車しょうさんもありがとう！

世界最長のナイル川。

エジプトの女の人はスカーフ巻いているよ。

アレキサンドリアは地中海に面した町。カイロよりあたたかいよ。地中海の向こうはヨーロッパのギリシャだよ！

第4章　中東〜アジア

イエメン
Yemen
2007/1/17-1/27

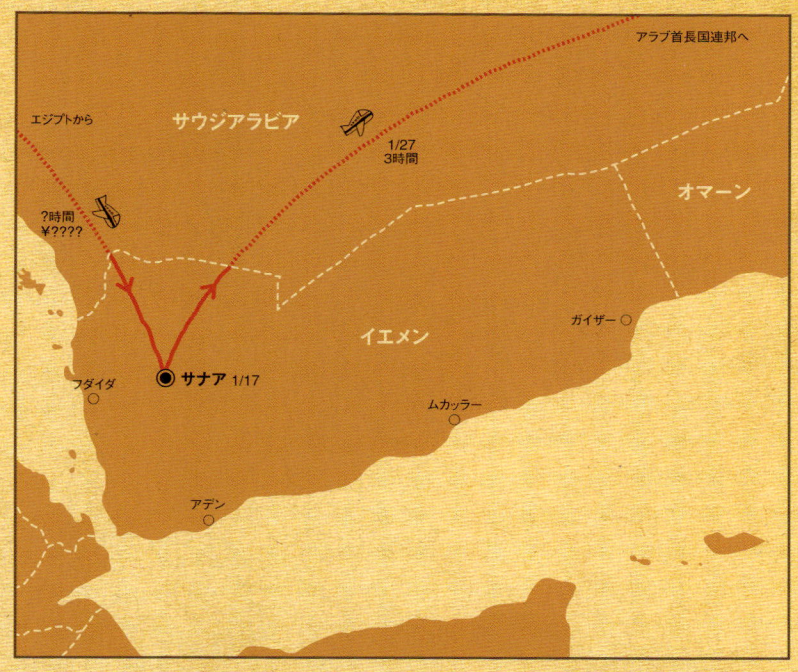

アラブ首長国連邦へ
エジプトから
サウジアラビア
1/27 3時間
オマーン
?時間
¥????
イエメン
ガイザー
フダイダ
サナア 1/17
ムカッラー
アデン

※地図内の交通費はすべて4人分

トラベルメモ

【面積】日本の1.4倍
【人口】日本の6分の1
【治安】首都サナアは良い！人はとても親切！
　　　　サナア以外に行くときはパーミッション
　　　　（移動許可）が必要。護衛がつく時もある。
【言語】アラビア語、英語も少し通じる。
【お金】レアル。1レアル＝0.5円
【物価】めちゃ安！ 庶民食は100円位
【行って良かったところ】世界遺産サナアの旧市街
【宿泊費用】4人1泊　約1,200円

世界の友だち

イエメニー（イエメン人）の子どもたち

第4章　中東〜アジア
イエメン　2007/1/17-1/27

◎イエメンの剣"ジャンビア"はカッコイイ！

イエメンの首都サナアに着きました。空港から町の中心まで、ミニバスに乗っていると、ぼくの目はくぎづけになりました。それは……みんな"剣"をさしているからです！　大人も子どもも。みんなみんなです！　あれ、かっこいいなあ〜！

　　　　　＊　　　　＊

イエメンの首都サナアの町は、南米のように"新市街"と"旧市街"に分かれています。そして、サナアは"旧市街"全体が世界遺産に登録されています。
旧市街は、まず建物がおしゃれです。茶色で、窓のまわりに白いもようがあります。これがとてもきれいです。こんな町、今ま

歩いているイエメンの男の人はみんな"剣"をさしています。剣は"ジャンビア"というそうです。

ベルトとジャンビアを入れる"さや"には、色や模様がいろいろあります。でも、大切なのは、その中の"剣"が、本物かアルミか？と、持ち手がボーン（骨）かプラスティックか？です。

世界遺産サナアの旧市街、イエメン門。

でなかったです。そして道が、迷路みたいです。クネクネ道をどんどん歩くと、びっしりお店が並んでいるところに出ました。適当に歩いたから、もう、どこにいるのかわからなくなりました。

迷っていると、ジャンビア屋がたくさん並んでいる通りに出ました。日本人はめずらしいのか、みんな「ハロー！」と声をかけてきます。店に入って、ボクが気に入ったジャンビアの値段を聞くと、「ベルトとセットで、2000レアル（1000円）」と言われました。とてもかっこいいです。

1000円のジャンビアセットは、"剣"はアルミで、"持ち手"はプラスティックでした。本物にすると、「3500レアル（1750円）」だといわれました。「買うなら、本物がいいよ」とパパが言ったので、本物を買いました。「3000レアル（1500円）」にまけてもらいました。

というわけで、ボクたちは"ジャンビア"をつけて"イエメニー"（イエメン人）になってみました。

このカッコウに、ブレザーを着て、スカーフを肩にかければ、本当の

↑このカッコウしてると、みんなとすぐ友だちになれるよ！

イエメン服は、白が多いけど、ぼくのブルーや、紫や、黒などもあります。1着1000円ぐらいです。

インド料理で知ってる"ナン"が、イエメンにもあったよ。野菜と肉をにこんだ"サルタ"もおいしいよ。1人分100円ぐらい。

第4章　中東〜アジア
イエメン　2007/1/17-1/27

正装（一番きちんとしたかっこうのこと）になります。子どもだって一人前です！
ひかるのジャンビアは、別のお店で買いました。500レアル（250円）です。ひかるは、赤と金のベルトが気に入りました。"さや"は、肌色の皮で、表面に切りこみが入っています。使えば使うほど、色がいい色にかわっていくそうです。このデザインが一番多いです。

ジャンビアをさしてなくても、イエメン人はとても親切で、笑顔で声をかけてくれます。でも、ジャンビアとイエメン服を着ていると、もっともっと楽しくなります。ジャンビアが曲がっていたら、なおしてくれるし、外そうとすると、だれかが飛んできて、外すのを手伝ってくれます。比べ合いしたりもします。また、たくさんのイエメン人が、「おっ！　いいよ！　いいよ！」「ナイス！　イエメニー！」と言ってくれます。

◎女の人は黒い服、黒いスカーフ、黒いマスク。

イエメンはエジプトと同じイスラム教の国です。毎日5回"アッラー"へのお祈りがあります。でもエジプトとは大きくちがうところがあります。
それは、女の人です。イエメンでは、女の人はみんな、黒い服を着て、黒いスカーフを頭にまいて、首の下までかくす長い黒い

泊まったアル・ナスル・ホテル（1部屋1200円）

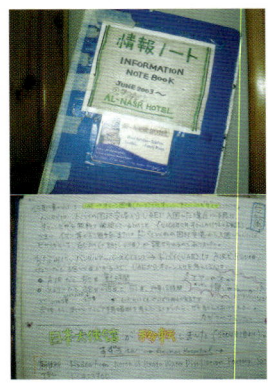

↑アル・ナスル・ホテルには、ここにきた日本人が書いた貴重な情報ノートがあるよ。

イエメン名産はちみつたっぷりのゴマおこし

イスラム教のモスク（お祈りをするところ）。

マスクをつけています。目も黒いスカーフでかくしている人も多いです。まゆげも、髪の毛1本も見えません。
たまに、黒服ではない人もいます。写真をとろうと思ったら、す〜っと逃げられてしまいます。もともと、町じゅう、男の人が多く、女の人は少ないです。
また女の人が外食している姿は見かけませんでした。黒マスクを外しているのは、航空会社の人ぐらいでした。
あるとき、アイスクリーム屋に行ったら、5人の黒服の女の人が買っていました。アイスクリームは食べるんだね、と思って見ていたら、その女の人は黒マスクをつけたまま、アイスを食べていました。黒マスクがアイスクリームでべちょべちょになっていました。食べにくそうでした。たいへんだなぁ、と思いました。

今までの国とぜんぜんちがうよね！

美しいイエメン建築。

モスクの中

サナアの郊外のイエメン建築のロックパレス。岩の上に家が建ってるよ。すごいね。中は博物館。ここにも日本の支援が入っていたよ。

第4章　中東〜アジア
イエメン 2007/1/17-1/27

＊　　　　　　　　＊

イエメンでおどろいたことは、まだまだあります。

それはミニバスに乗るときです。女の人はぜったい男の人の横には座らないのです。座ってはいけないみたいです。男の人でも、家族だったらいいけど、知らない男の人とは、となりになってはいけないのです。だから、なかなかミニバスに乗れません。どうするのかな？　と思ったら、女の人が乗りたそうにしていると、乗っていた男の人が降りて、女の人を乗せてあげるんです。

女の人が4、5人で乗ろうとした時は、なんと、乗っていた男が全員降りて乗せてあげていました。女の人だらけになったバスには、男の人は乗せません。

それから働いているのは男の人ばかりです。女の人の化粧品も下着も男の人が売ります。

いろいろびっくりしましたが、一番びっくりは、やはりイエメンの男の人たちが親切でやさしいことです。

それと、ジャンビアは外や人前で抜いたらダメです。いろんな人がボクたちに教えてくれました。でも、抜いていい時があります。それは、"ジャンビーダンス"をするときです。"ジャンビーダンス"は、結婚式などでおどるダンスです。男の人が、抜いたジャンビアを使っておどります。

第4章　中東〜アジア

アラブ首長国連邦
United Arab Emirates
2007/1/27-2/1

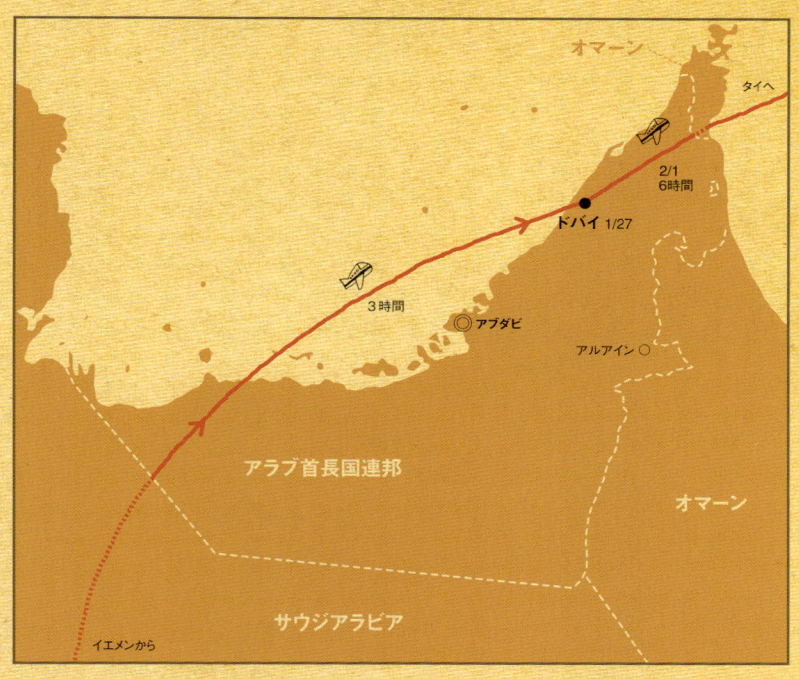

（地図）
- オマーン
- タイへ
- 2/1 6時間
- ドバイ 1/27
- 3時間
- アブダビ
- アルアイン
- アラブ首長国連邦
- オマーン
- サウジアラビア
- イエメンから

※地図内の交通費はすべて4人分

トラベルメモ

- 【面積】日本の5分の1
- 【人口】日本の約30分の1
- 【治安】良い！
- 【言語】アラビア語、英語
- 【お金】ディラハム。1ディラハム＝31円
- 【物価】日本と同じか、9割ぐらい。タクシーの初乗りとバスは安い。
- 【行って良かったところ】ドバイ・クリーク、アル・サブハ地区
- 【宿泊費用】4人1泊　約5,600円

旅の思い出

ドバイの思い出、
変型合体するスゴイラジコン！

第4章　中東〜アジア
アラブ首長国連邦　2007/1/27-2/1

"出かせぎ"の外国人が多いアル・サブハ地区。

◎ドバイはお金持ち！

まず、ドバイは、石油がたくさん出て、とてもお金持ちの町です！世界最高級の7つ星ホテルが有名で、他にも高級ホテルがいっぱいあります。7つ星ホテルは、海の上に立っているそうです。どのくらいすごいのか楽しみです。

ボクたちは、空港からバスに乗り、その終点のアル・サブハというところで降りました。

アル・サブハ地区は、アフリカ、アジア、他のアラブの国から"出かせぎ"に来ている人が多く泊まっている町です。だから、安いホテルもあると聞いたからです。ドバイの人口の70パーセントは、出かせぎ者をふくむ外国人だそうです。

ただし、安いといっても、ドバイの物価は日本なみなので、今までのように1000円や2000円ではありません。

やっと、5軒めぐらいに、ここにしようと決めました。

1泊1部屋、180ディラハム（約5600円）でした。そのあとも探したけど、

ドバイ・クリーク（運河）

ドバイ・クリーク（運河）の渡し船。

ドバイは高層ビルがじゃんじゃん建てられている。

ドバイのホテル（1部屋5600円）。日本なみ。

中華レストランのなべ料理。チョ〜うま！

ドバイは道路も照明もキレイ。大都会だね。

結局、ここが一番場所もよく、安かったです。
テレビも、冷蔵庫も、クーラーもあります。トイレは日本のように流れもいいし、ホットシャワーもガンガンです。広くはないけど、ボクたちには十分です。

◎中華レストランでうれしい白ごはん。

夜は、バスから見かけた中華料理を探しにいきました。
ボクが、中華料理に行って一番うれしいのは、"白ごはん"です。日本のごはんに近いからです。今日は、お店の人がすすめるナベ料理を注文しました。
ナベは、2つにしきられていて、辛いスープと辛くないスープに分かれていました。スープの中に、肉や野菜などを入れて食べます。スープのあまりのおいしさに、最後の1てきも残さず飲みました。そしてボクは、お茶わん3杯の白ごはんを食べました。とても満足しました。
値段は全部で100ディラハム（3000円）。イエメンと比べるとチョ〜高いけど、ドバイではこのくらいなのかな？

第4章　中東〜アジア
アラブ首長国連邦　2007/1/27-2/1

でも、お母さんは「高〜い!」ショックを受けていました。
いよいよ、7つ星ホテルを見にいきます。夕日がきれいだと聞いたので、昼まではがんばって勉強をして、午後でかけました。
ドバイのバスはきれいです。バス賃は、1人2.5ディラハム（77円）でした。バスに乗るのは、ほとんどが、出かせぎ労働者だそうです。

◎世界一高級の7つ星ホテル。

7つ星ホテルは海岸に建っています。海岸の砂浜には、ゴミひとつ落ちていません。
7つ星ホテルの入り口に行ってみました。ホテルの前には警備員が何人もいて、泊まっている人やレストランの予約がある人以外、入れないようにしていました。
ホテルの前には、ボクたちのように、見るだけの人がたくさんいて、写真をパチパチとっていました。本当は、7つ星ホテルの中も見たかったけど、1人25米ドル（3000円）かかるそうです。ただ見るだけで3000円は高いので、やめました。
ボクは、大きくなったらこの7つ星ホテルに泊まるぞ！と思いました。

　　　　　＊　　　＊

このあとです、大変な目にあったのは！
さて、帰ろうと、バス停でバスを待ちました。バスはなかなか来ません。やっと来た！と思ったら、満席で、通過していきました。
次のバスも、その次も、通過していきました。まだ乗れそうに見えるのに……。
待っている人は、1人、2人と増えていき

7つ星ホテルの横の海岸。

夕陽はこんなにきれいでした！

ドバイ7つ星ホテルの正面。

ライトアップされて美しい。

ます。でも1時間20分がたっても、1台のバスも止まりませんでした。

◎ドバイバスにはルールがあった。

タクシーはあるけど、バスで1時間以上の道のりです。高いだろうし、なんかくやしいです。でも、このままではホテルに戻れないので、パパが、別の通りでバスを探そうといいました。
しばらく歩いて、別の大通りに出ましたが、バスは通っていませんでした。しかたないので、さっきのバス停に戻りました。さっきより人が増えていました。ひとりも乗れていないみたいです。
そして、また待ちました。結局2時間30分も待ったけど、バスは1台も止まりませんでした。お腹も空いてきました。
「反対のバスに乗ろう」とパパが言いました。反対の終点まで行って、終点からバスに乗れば（そこが出発点だから）、空いていると思ったからです。
反対方向のバスの終点まで、1時間かかりました。終点に着くと、仕

ドバイバスには変わったルールがあった。

第4章　中東〜アジア
アラブ首長国連邦　2007/1/27-2/1

事帰りのような女の人が8人待ちかまえていました。しかし、バスの運転手は、「乗ってきたらダメ！」と言い、ボクたちにも「降りて！」といい、そのままドアを閉めました。バスは10分そこにいました。
停まっているなら、乗せてくれてもいいのに、と思いました。ドバイは暑い国ですが、今の季節は、昼間は暑く、日が暮れると寒いのです。でも無事バスに乗ることができました。そしてバスは、すぐほぼ満員になり、途中のバス停を通過して走りました。
ホテルの近くに戻れたのは、夜12時前でした。眠たいので、足が"こんにゃく"みたいにフニャフニャでした。でも、お腹がへっていたので、近くのパキスタン料理を食べました。
町は、夜12時でも明るいし、人も多いです。パキスタン料理店も人がいっぱいでした。夜でも安全なのは、本当にすばらしいと思いました。

　　　　　　　　　　＊　　　　　　＊

今回のバスで、ドバイバスのルールをしっかり学びました。
ドバイのバスは、前から3列めまでは、"女の人が座る席"なんです。女の人がその3列に座れないと、4列めの男の人が席をゆずります。4列めまでに座れない時は、5列めの男の人が席をゆずります。女の人が立って乗ることはほとんどありません。そして、どんなに混んできても、女の人が座っている席の横には男の人は立ちません。だから、もし女の人が5列めまで座っていると、5列めまでの通路は空いたままなのです。その空いているところに、5〜6人乗れるんです。でも、乗せないルールだから、通過が多かったのです。

◎ドバイには買いたいモノがいっぱいだ！

ドバイの町を歩けば、「あ！　これいい！」「お！　すげ！」「うまそ〜」「アレ食べたい！」というものがたくさんです。税金がかからないので、買い物天国だそうです。そして世界中の人が生活しているので、世界中の料理もあって、おいしそうなものがいっぱいです。でもお母さんは何も買ってくれないので、つまらないと思いました。
昨日はそれでケンカになりました。お母さんはいつものように「まだ旅

砂漠の国だけど、水を引いて、こんなに
美しい芝生広場がある。

ドバイの思い出、ラジコン、ゲット！

は長いのよ。お金は大切に使うのよ」と言いました。でも、こんなに欲しい物があって、見るだけなんてかなしいです。節約ばかりして、くやしいです。

お母さんと話し合って、アイスクリームを5回ガマンして、一番欲しいラジコンを買うことにしました。

変形合体する、すっごいラジコンです。めちゃめちゃじょうぶそうです。これは日本でも見たことがありません。ひかるもボクも（パパも）目がくぎづけになりました。40ディラハム（1240円）でした。

「ドバイの思い出」です。やった～！

第4章　中東〜アジア

タイ
Thailand
2007/2/1-2/15

ミャンマー
チェンマイ
ラオス
タイ
ナコンラチャシマ
6時間
¥2,580
サンクラプリ
2/4
2/15
15時間
¥4,200
4時間
¥2,050
カンチャナブリ
2/8
バンコク
2/1
カンボジア
ドバイから
6時間
2時間
¥880
ベトナム

※地図内の交通費はすべて4人分

✎ トラベルメモ

【面積】日本の1.4倍
【人口】日本の半分よりちょっと多い
【治安】良い！
【言語】タイ語、英語も少し通じる。
【お金】バーツ。1バーツ＝3.5円
【物価】安い！屋台のラーメンやチャーハンは
　　　　70円〜100円。
【行って良かったところ】サンクラブリ、カンチャナブリ
【宿泊費用】4人1泊約1,900円〜3,000円

😊 😊 世界の友だち　ニマ

ルビン　ヨワ　ジャスミン

◎難民の村で4年ぶりの再会!

タイに着きました。飛行機で6時間でした。タイは5度め。とても大好きな国です。
ホテルに荷物をおいて、さっそく、夜ごはんを食べにいきました。夜ごはんは、タイラーメン。この世にこんなにおいしいものがあるんだ! と思うほどおいしかったです。

　　　　＊　　　　＊

ボクたちにはタイのサンクラブリという村に、ミャンマー人の友だちがいます。サンクラブリ村は、バンコクからバスで6、7時間行ったところで、となりの国ミャンマーとの国境です。今回が3回めの訪問で、会うのをとっても楽しみにしていました。
どうして、タイにミャンマー人が住んでいるかというのには、ワケがあります。
このサンクラブリという村は、ミャンマーの"難民"が住んでいる村なんです。
"難民"というのは、自分の国から迫害(差別や、いじめなど)されて、自分の国をはなれなくてはならなかった人たちで、自分の国に戻りたくても戻れない人たちのことです。理由は、戦争や、民族の対立など、いろいろです。
世界には5000万人も"難民"がいるそうです。そして、タイとミャンマーの国境には16も"難民キャンプ"や、タイ側に来ることができない"国内避難民キャンプ"があるそうです。

↑↓1杯30バーツ(90円)。ラーメンは20バーツからあるけど、ここのが一番おいしい。

バンコクのカオサン通りはいつもお祭りみたい。

タイはボクたちと同じ仏教の国だよ。

第4章 中東〜アジア
タイ 2007/2/1-2/15

そんな国内避難民の子どもたちに、「衣服を送ってください」という呼びかけを、お母さんはインターネットで知り、2002年1月、行くことにしました。ボクが6歳、ひかるが3歳のときです。

キャンプには、孤児（お父さんお母さんがいない子どもたち）がたくさんいます。タイやミャンマーは1年中暑い国と思われているけれど、実は山の方では朝夕がとても寒いことがあって、子ども用の長そでの衣服が不足しているのです。

サンクラブリ村に行って、難民の支援をしているデイジーさんという女性を訪ねました。

デイジーさんも、昔、難民だったそうです。今は難民ではないけれど、だからこそ、難民や国内避難民の人たちを助けるために、いろいろがんばっているのです。

初めて会ったデイジーさんは、とてもとてもやさしい目をしていました。初めて会ったのに、前から知っているような気持ちがしました。場所がわからなくて、苦労してやっと会えたので、だきついてよろこびました。

デイジーさんは、友だちのミャンマーのお寺のお坊さんがやっている

赤いジャンバーがデイジーさん。料理がとってもうまいんだ！

孤児院の子どもたちの衣食住や医療や学校の問題を支援し、大人の難民には自立できるように、ミャンマー伝統の"機織り工場"を作り、その布で服やバックを作り、販売しています。また、デイジーさんは、何人も、孤児をひきとって育てています。
次の年、2003年にも、子ども服やいろいろ持って、デイジーさんのところに行きました。デイジーさんが、「ぜひ、うちに泊まったらいいよ」と言ってくれて、泊まりました。それでまたまた仲良くなりました。
そして、今度が3度めです。4年ぶりの再会！　みんな大きくなって、ちょっとテレたよ。でもすぐ仲良くなったよ。
また来るね。中学生になったら、ボクはひとりであそびに来るからね！。日本にも来てね！

◎**戦争博物館**に行ったよ。

デイジーさんたちとお別れをして、カンチャナブリまでもどりました。
カンチャナブリは、「戦場にかける橋」という有名な映画の舞台になった"クワイ川鉄橋"がある町です。そして、ここは、日本が戦争をしていた第二次世界大戦中、日本軍が深くかかわった悲劇があるそうです。
カンチャナブリでは、他にも、自然の滝がたくさんあるエラワン国立公園が有名です。

デイジーさん家のニューフェイスだよ！

デイジーさんが作った機織り工場。

1台のバイクに5人も乗って、ミャンマーとの国境へ行ったよ。

ジャングルの秘境ソンブレロ川。

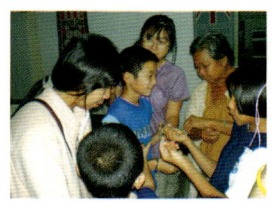

ボクたちが作ったミサンガをあげたよ。友情のしるし。

第4章　中東～アジア
タイ　2007/2/1-2/15

エラワン国立公園。滝つぼで泳いで、ゾウに乗って、バンブーラフティング（いかだ下り）して、とってもたのしかった！

エラワンと、戦争博物館、「戦場にかける橋」の"泰緬鉄道"に乗るツアーに参加することにしました。

エラワンであそんだあと行ったのが、ＪＥＡＴＨ戦争博物館です。ここでボクは、日本が戦争中にしたことを初めて知りました。

「ＪＥＡＴＨ」とは"泰緬鉄道"の工事にかかわった6カ国、日本（Japan）、イギリス（England）、アメリカ（America）、オーストラリア（Australia）、タイ（Thailand）、オランダ（Holland）の最初の文字を合わせたものです。

"泰緬鉄道"は、タイとビルマ（今のミャンマー）をつなぐ鉄道です。戦争のとき、ビルマで戦っている日本軍に、必要なものを送る目的で、作られました。

第二次世界大戦の時、日本軍が"捕りょ"（戦争で敵にとらえられた人のこと）に、きびしい労働をさせて、"泰緬鉄道"を完成させたそうです。ふつう5年はかかる鉄道工事を、たったの15ヶ月で作らせたので、たくさんの人が命をおとしたそうです。はげしい労働や、マラリアや、病気

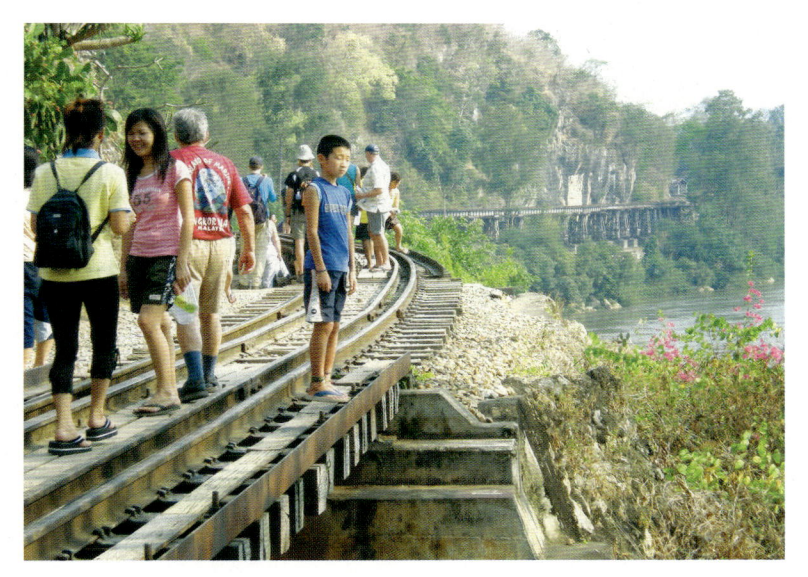

工事の途中でたくさんの人が死んだ「死の鉄橋」に立ってみました。

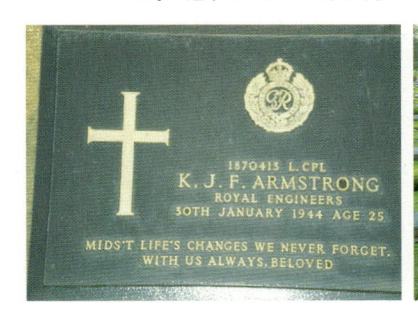

カンチャナブリ連合軍墓地。イギリス、オーストラリア、オランダの人々が眠っている。

JEATH戦争博物館の入口の看板。捕りょたちの遺品や当時の写真を展示しているよ。

中国人犠牲者のお墓もあった。

第4章　中東〜アジア
タイ　2007/2/1-2/15

のくすりがないことや、満足な食べものがなかったために……。
博物館には、その当時の、写真や絵や新聞の記事などが展示されていました。それらの写真や絵をみて、ボクはゾッとしました。クワイ川にかかったこの鉄橋は「死の鉄橋」と呼ばれているそうです。鉄道工事の中で、一番むずかしかった場所で、たくさんの人が命を落としたところだからです。
その戦争博物館の横に、日本人の"銅像"がありました。"クワイ川平和基金"代表の永瀬隆さんという人の像です。この人は、戦争の時、"通訳兵"として、鉄道工事にかかわった人です。戦争が終わって、工事の犠牲になった人たちのために、永瀬さんは自分のお金で、ここカンチャナブリに小さなお寺を立てました。そして、これまで120回以上タイを訪れ、命を落とした人々に手をあわせているそうです。もう二度と、戦争が起きないように。悲劇が起きないように。
ボクたちはその"泰緬鉄道"に乗りました。ツアーの次の日、命を落とした人たちのお墓におまいりに行きました。お墓には名前や年が書いてありました。生きて自分の国に帰りたかっただろうに……と思いました。ボクたちは、手を合わせてお祈りしました。

戦争博物館。捕りょ収容所を再現した建物。

永瀬隆さんの銅像。

旧日本軍の列車。

スクールバス？　日本ではあぶないっていわれるよね。

第4章　中東〜アジア

カンボジア
Cambodia
2007/2/15-2/25

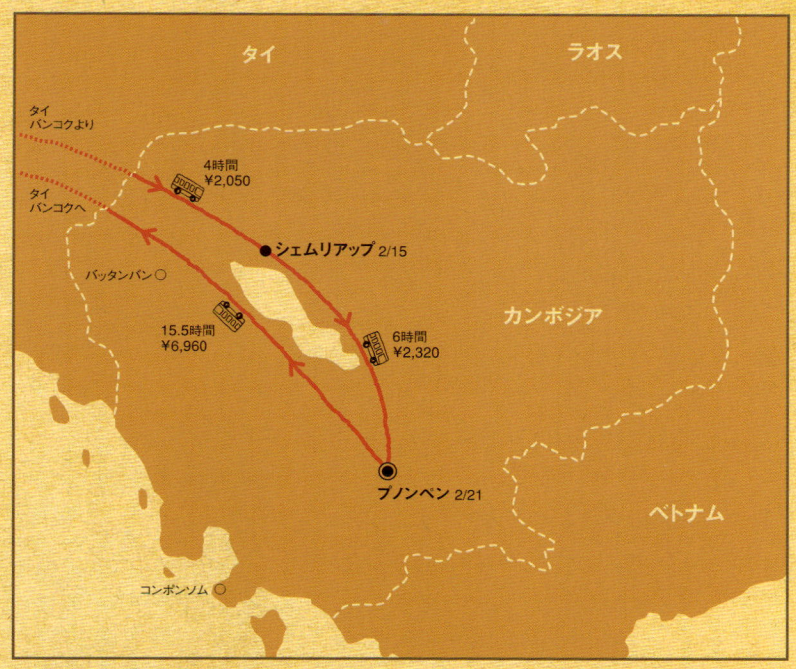

地図内:
- タイ バンコクより
- タイ バンコクへ
- タイ
- ラオス
- 4時間 ¥2,050
- シェムリアップ 2/15
- バッタンバン ○
- 15.5時間 ¥6,960
- 6時間 ¥2,320
- カンボジア
- プノンペン 2/21
- ベトナム
- コンポンソム ○

※地図内の交通費はすべて4人分

トラベルメモ

【面積】日本の2分の1
【人口】日本の9分の1
【治安】まあまあよい！
【言語】クメール語、英語も少し通じる
【お金】リエル。1リエル＝0.03円（ドルも使える）
【物価】安。日本食でも300円で食べられた。
【行って良かったところ】アキラの地雷博物館、
　アンコール遺跡、キリングフィールド、トゥール・スレン博物館
【宿泊費用】4人1泊約840円〜1,500円

世界で出会った本

アキラの地雷博物館とこどもたち
アキ・ラー 編著

地雷をなくしたい！

アキラの地雷博物館で買ったよ。

第4章　中東〜アジア
カンボジア 2007/2/15-2/25

カンボジアも仏教の国。とても熱心です。

◎デコボコ道で、バスが連続ジャンプ！

今日は、朝6時に起きて、🚌でカンボジアのシェムリアップという町に行きます。
バスはタイ側の国境までは、高級バスでした。でも、国境はバスで通れないので、みんな歩きます。めちゃくちゃ暑い中、重い荷物を持って、入国審査に並んで、ダラダラといっぱい待たされて、やっとカンボジアに入国しました。
カンボジアに入ると、道がデコボコで、バスもオンボロで、と聞いていましたが、本当にそのとおりでした。12人乗りのミニバンに乗せられて、ぎゅうぎゅう詰めで、荷物を置くところもなく、こんなに暑いのに、冷房もなく、窓も開かないバスでした。

シェムリアップの市場。

シェムリアップの町ではバイクが大かつやく！

でも、何より大変だったのは、デコボコ道です。最初は、車がジャンプするたびに「うぉ〜！」とか言って、みんな笑いましたが、だんだん、声も出なくなりました。それに窓のすきまから砂ぼこりがじゃんじゃん入ってきます。しかも6時間もこのままなのです。
あまりに、ジャンプが続いて、おなかがひっくり返ったような気分になりました。寝ることもできません。でも、ひかるは寝てました。すごいです！
予定より3時間もおくれて、夜、シェムリアップの町に着きました。すごいヘトヘトでした。

◎ "アキラの地雷博物館"で、生まれて初めて地雷を見た。

シェムリアップは、世界遺産のアンコール遺跡で有名な町です
でも、この町でまず一番に行ったのは、アンコール・ワットの近くにある"アキラの地雷博物館"です。ここはお母さんがとても行きたかったところです。
ボクは"地雷"というものを初めて見ました。"地雷"とは、金属やプラスチックなどの入れものに爆薬をつめたもので、地面や土の中にしかけ、踏む、ひっぱるなどすると爆発する爆弾のことです。
お母さんから、話は聞いていたけど、子どもが「何だろう？」と拾いたくなるおもちゃみたいな形のもあって、いやな気持ちがしました。子どもをねらったものだからです。
アキラというのは、カンボジア人で、正しくは"アキ・ラー"と言うそうです。日本人の名前の「あきら」に似ているので、アキラとよばれるようになったそうです。
カンボジアでは、1970年から1998年まで内戦（同じ国の中で戦争をすること）をしていました。アキラは、1973年ごろに生まれ、5歳のころ、当時カンボジアを支配していた"ポル・ポト"という人の軍隊（以下、ポル・ポト軍と書きます）によって、お父さん、お母さんを殺されました。ポル・ポト軍は、すべての人々が農業をするというポル・ポトが考えた理想社会を作ろうとして、個人の財産を持つことや、勉強すること

第4章 中東〜アジア
カンボジア 2007/2/15-2/25

アキラの地雷博物館。右の少年は、地雷被害者。アキラが引きとって一緒に暮らしている。木につるしてある空き缶のようなものが地雷。

アキラの地雷博物館。

や、仏教などを禁止し、家族をバラバラにしました。教育を受けている先生や医師や警察官や芸術家などを、何も悪いことをしていないのに敵として殺していきました。両親を殺されたアキラはその後、ポル・ポト軍によって育てられ、20歳まで、ポル・ポト軍、ベトナム軍、カンボジア軍で少年兵として戦い、地雷も埋めました。そうするしか、生きる道はなかったのです。でも、20歳の時から、カンボジアのために、地雷の被害にあわないように、土の中の地雷をほり出しているそうです。
そして、安全に処理した地雷で、1999年にこの"地雷博物館"をつくりました。地雷を知らない人に地雷のおそろしさをわかってもらうために。そして、地雷を見たことのない人たちに、地雷を知って、さわらないよ

うに、です。だれでも入れるように、博物館はタダです。今もアキラは、キケンな地雷をほり出す仕事も、ボランティアでつづけています。
"地雷博物館"には、地雷で手足を失った少年が何人もいました。アキラが育てて、学校に行かせてあげているそうです。みんなニコニコしていました。手がなくても、片足がなくてもサッカーなどをして元気よく遊んでいました。そして、たくさんの外国人がこの"地雷博物館"に来ていました。ボクたちは、ここで売ってあるアキラの本を買いました。『アキラの地雷博物館とこどもたち』(アキ・ラー編著　三省堂)という本です。
子どもの時の話、お父さんお母さんが殺された時の話、戦争で戦った話、地雷博物館を作る話、地雷をほり出す方法の話などを読んで、本当にビックリしました。ボクは、アキラにがんばってほしいと思いました。アキラを応援したいと思いました。

◎アンコール・ワットへ。

次の日は、朝5時におきて、世界遺産"アンコール・ワット"にのぼる朝日を見にいきました。
アンコール・ワットは、ヒンドゥー教の大寺院です。アンコール王朝の王様のお墓として、900年ぐらい前に建てられたものです。

円盤のような地雷もある。

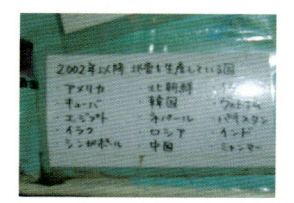

地雷を作っている国が日本語で貼ってたよ。

これも地雷。

この人がアキ・ラー。

アキラは、こうしてボランティアで地雷をほり出しているそうです。

195

第4章　中東〜アジア
カンボジア 2007/2/15-2/25

待ちに待ったアンコール・ワットにのぼる朝日。とても美しくて待っててよかった。

アンコール・ワットの中へ向かう道。

中央塔堂にも登ることができる。かなり急な階段だよ。ちょっとコワイ〜。

アンコール・ワットの内部。おぼうさんがカッコイイね。

アンコール・ワットの中の壁画。 　　　アンコール・トムのバイヨン寺院。

この木が有名。タップローム寺院。 　　泊まったタケオハウス。有名な日本人が集まる宿。日本食の食堂もあって快適！

　5時半にアンコール・ワットに着きました。まだ真っ暗でしたが、もう、たくさんの観光客が来ていました。
　一番人が多かったのは、池のまわり。朝日に照らされたアンコール・ワットが、池にうつります。
　朝日を見て、いよいよ中に入りました。中は長いろうかになっていました。壁には、戦いの絵、ヒンドゥーのいろんな神さま、手がたくさんあるエンマ大王や、踊っている姿や、いろいろあって、おもしろいです。絵は、色が残っていたり、うすくなって消えそうなところもありました。カンボジアが内戦の時代にたくさん破壊されたそうです。
　そして、お寺の頂上にも登りました。とても急でちょっと恐かったけれど、上からの景色はとても良かったです。
　その後、アンコール・トム遺跡にあるバイヨン寺院にも行きました。でっかい顔がいっぱいある、おもしろいお寺です。顔がなんとなくほほえん

第4章　中東〜アジア
カンボジア　2007/2/15-2/25

でいて、なんだか、ふしぎな気分になります。

それから、すごかったのは、タップローム寺院です。ここは、建物の上に、でっかい木が根をはって、張り付いているんです。

木の根が、建物のすきまに入りこみ、どんどん伸びて成長して、スゴイことになっています。でも、そのせいで、遺跡はかなりこわれています。それにしても、この木は、ものスゴイ生命力だと思いました。

種がどこからか風に運ばれて、遺跡の上に落ちたのでしょうか!?　とてもふしぎです。

◎キリング・フィールドで思ったこと。

シェムリアップからバスで首都プノンペンへ。

プノンペンのスゴイ交差点。車とぶつかる！

結婚式があってたよ。

夜には屋台がたくさん出る。

首都プノンペンでは、市内観光ツアーに入りました。ツアー代は、大人が6ドル（700円）、子どもは"フリー"（無料）と言われて、「え！　いいの？」って思ったよ。

参加の人数は7人。ボクたち4人と、メキシコ人のおばちゃん2人と、日系2世（お父さんが日本人、お母さんがブラジル人）のブラジルのお兄ちゃんです。

メキシコのおばちゃんたちにスペイン語で話しかけたら、おばちゃんたちが「ボニート！（すばらしい！）」とよろこんでくれました。

ブラジルのお兄ちゃんは、顔はブラジル人だけど、日本語が上手で、ボクはブラジルでサッカーをしたことを話しました。

最初に行ったのは、"頭がいこつ"の塔でした。"キリング・フィールド"というところです。ポル・ポト軍に殺された人たちの"頭がいこつ"が、

キリング・フィールドの、頭がいこつがおさめられている塔。あまりにたくさんあって、ボーゼン。

キリング・フィールドの木の横の案内板。"死刑執行人が子どもをむち打って殺した木"と書いてあった。

キリング・フィールドのあちこちに頭がいこつ以外の骨が積まれていた。

たくさん、塔の中におさめられていました。ボクは本物の頭がいこつを見たのは初めてです。

頭がいこつの塔のまわりは、原っぱです。ポル・ポトがカンボジアを支配していた時代、ここでたくさんの人が、罪もないのに、殺されたと聞いてびっくりしました。ポル・ポトは、1976年～79年までの首相です。その3年間に、100万人以上を殺したそうです（300万人とも言われています）。

ボクは、そんなことが、30年前のカンボジアで起きていたなんて、おど

199

第4章　中東〜アジア
カンボジア　2007/2/15-2/25

ろきました。
"地雷博物館"のアキラのお父さんお母さんも、こんなところで殺されたんです。
カンボジアには、このような"人々が殺された原っぱ"（英語で"キリング・フィールド"）が何ヵ所もあるそうです。ポル・ポトはしかえし（親を殺されたふくしゅう）を恐れて、子どもも殺したのだそうです。ひどすぎます。
その次は、その殺される人たちが、この原っぱに連れてこられる前に、"拷問"（体を痛めつけること）された刑務所で、今は"トゥール・スレン博物館"とよばれているところに行きました。
刑務所というと、悪い人が入っているところのようですが、ポル・ポトの時代は、何も悪くないのに、この刑務所に連れていかれたそうです。例えば、お腹がへって木になっていたバナナを食べたから、とか。医者や先生や警察官などは、教育をうけた人はみんな敵だ！という理由で。ここに連れていかれた人は約2万人と言われていて、生きのこった人はたったの8人だけだそうです。

トゥール・スレン博物館の中には、拷問に使われた部屋、心霊写真、拷問のようすを描いた絵などが展示されている。

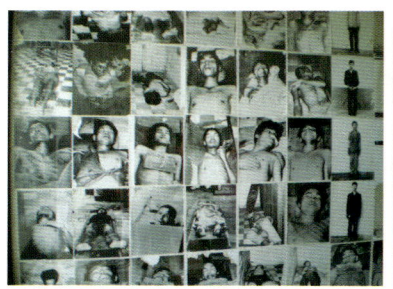

トゥール・スレン博物館に展示されていた、拷問された人々の写真。

トゥール・スレン博物館。ポル・ポトの時代に人々を拷問するのに使われたところ。

そして、この刑務所は、本当は"高校"だったと聞いてびっくりしました。写真はこわいのですが、ボクたちはこわいのを通りすぎて、どうして？なぜこんなことを？　とばかり思いました。

また、拷問のようすを描いた絵もありました。

例えば、首をつったり、水の中に顔を入れて息ができないようにしたり、首を切ったり、爪をはがしたり、体をペンチでいためつけたり、つるされたり、ひどすぎる絵がたくさんありました。

そして、ここで死んだ人たちが、心霊写真となってうつっている写真がありました。

ここには、生きたくても生きられなかった人たちのたましいが、たくさんいるのだと思います。当然だと思います。どの写真の人も、かなしそうな顔をしていました。だから、ボクは、その心霊写真を見ても、ふしぎなくらい、こわくはありませんでした。こわいのを通りこしている気がしました。

そして、午後は市場や、カンボジアの独立記念塔や、キンキラキンのきれいな王宮、博物館、寺院なども見にいきました。でも、何よりもボクは、最初に行った2つが忘れられませんでした。

プノンペン市内観光ツアーでは、この王宮や博物館や市場にもつれていってくれる。	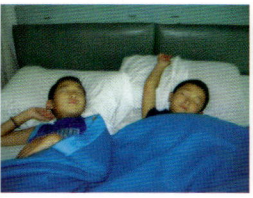 ひかるとケンカした日は…　…なぜかぐっすり眠れます。	 今日のことを、おじいちゃんや友だちや先生に絵はがきかいたよ！

さて、次はネパールに行くために、いったん🚌で、タイのバンコクへ戻ります。

朝6時半に出発して、国境に着いたのが午後2時半。🚌は国境を通過できないので、降りて、歩いて、並んで、カンボジアを出国して、タイに入国して、デラックスバスに乗りかえて、バンコクに夜の10時に着きました。バンコクで、2日ゆっくりして、ネパールへは✈️で飛びます。

第4章　中東〜アジア

ネパール
Nepal
2007/2/28-3/13

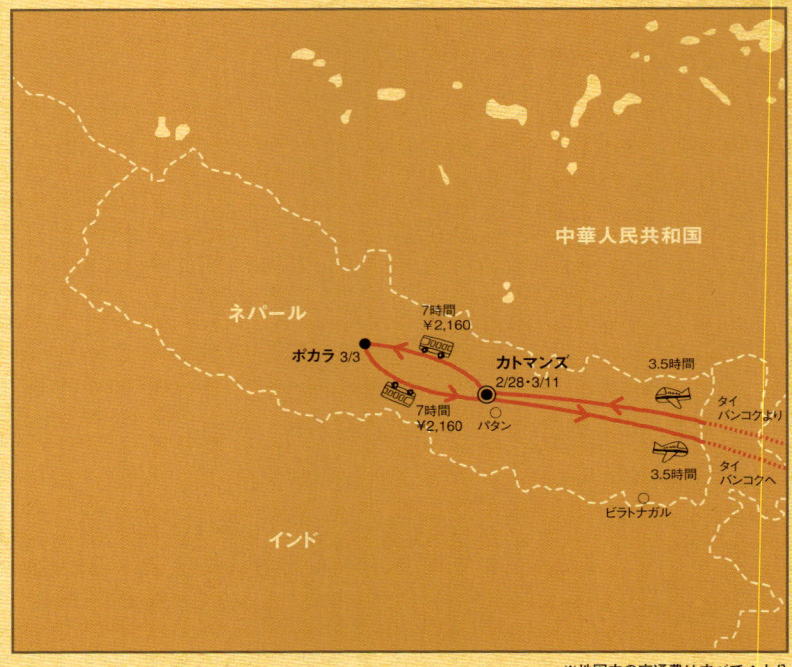

地図:
- 中華人民共和国
- ネパール
- ポカラ 3/3
- カトマンズ 2/28・3/11
- パタン
- ビラトナガル
- インド
- 7時間 ¥2,160
- 7時間 ¥2,160
- 3.5時間 タイ バンコクより
- 3.5時間 タイ バンコクへ

※地図内の交通費はすべて4人分

トラベルメモ

【面積】日本の5分の2
【人口】日本の5分の1
【治安】良いが、政情やデモに注意
【言語】ネパール語、英語もわりと通じる
【お金】ルピー。1ルピー＝1.8円（ドルも使える）
【物価】安い！
【行って良かったところ】ヒマラヤトレッキング、ポカラ、カトマンズ
【宿泊費用】4人1泊約850円〜1,900円

世界の友だち

アシス
オパール

安宿が集まる"タメル"地区。ボクたちが泊まったチベットハウスもこのタメルにあるよ。

◎日本人とそっくりの人がいるよ！

ネパールに着きました。空港の外に出ると、客引きがわ〜わ〜よってきました。ネパールの人は、肌が黒くて目がギョロッ！　としています。……と思っていたら、そうでない人もいました。なんと、ボクたちと似た顔の人がいます！

町までタクシーに乗ろうとしましたが、200〜270ルピー（360円〜480円）で行けると聞いていたのに、670ルピー（約1200円）と言われました。だから、乗らずに、お母さんが空港の外にようすを見にいきました。
外には、ゲストハウスの迎えの車が、何台か来ていました。その中で、"チベットゲストハウス"の看板を持ったおじさんがいました。その人がいい人そうだったので、お母さんは話しかけました。「泊まる人はバ

カトマンズ空港で出会ったチベットゲストハウスのおじさん（右上の看板の人）。

第4章　中東〜アジア
ネパール　2007/2/28-3/13

スは無料だよ。部屋は1泊670ルピー（約1200円）からあるよ」と聞いて、それに乗ることにしました。
"チベットゲストハウス"は、思ったよりとてもリッパでした。でも4つのベットがある広い部屋を見せてくれて、1050ルピー（約1900円）だよと言いました。
広くて、テレビもあって、日本の衛星放送のNHKもうつって、お風呂があるすばらしい部屋でした。ボクは、シャワーでなく日本式の湯舟のお風呂があることがとてもうれしかったです。
今日はカトマンズの町をウロウロしてみました。"タメル"地区は、外国人が多いので、おみやげ屋や、きれいなレストランが多く、とてもにぎやかです。

◎牛はヒンドゥー教の神さまです。

ネパールはヒンドゥー教の国で、牛はンドゥー教の神さまです。よく見ると、水牛、バッファローが多いです。のっそりのっそり、堂々と道を歩いています。時々、屋台などの食べ物に近づくので、シッシ！　と追い払われていました。
ネパールのごはんはカレーです。豆カレー、野菜カレー、チキンカレー、そして、"バフ"カレーなどがあります。"バフ"カレーとはバッファローのカレーです。チキンカレーは高いけど、"バフ"カレーは安いです。
ネパール料理で"モモ"というのがあります。これは、ギョーザに似て

この人はネパールのお坊さん？

タメル地区には日本食レストランがいくつもある。うれしいなぁ。

います。とてもおいしいです！
ネパールは、インド系とチベット系の全然顔がちがう人たちがなかよく暮らしています。インド系は目が大きくて、チベット系は目が細くて、ボクたちに似た顔です。

◎水をかけあうおもしろい祭"ホーリー"。

ネパールはちょうど、"ホーリー"というお祭の時期でした。"ホーリー"はヒンドゥーのお祭で、春の訪れをよろこぶお祭だそうです。
どんなことをするかというと、赤い水や粉を投げつけあうお祭です。"ホーリー"の日は、お祭だから、だれに投げても、許されるそうです。町を歩けば、子どもが水などを入れたビニール袋を持ってかまえています。外国人でもやられます。
水ならいいけど、赤い水や、赤い粉や、ピンクの粉の時もあります。お母さんも、ひかるも、1発ずつ当たりました。当たるといいことがあるのかな？
その"ホーリー"のお祭中、ボクたちは、朝5時半に起きて、バスで ポカラに向かいました。ポカラはヒマラヤ山脈の中でとても美しいアンナプルナ山が見える町です。
バスは山道を走りました。途中、トラックが道路の下におっこちていました。そのあとにも、もう1台バスがおちているところがありました。ヒェ〜と思いました。

ダルバール広場。古いお寺がたくさん。

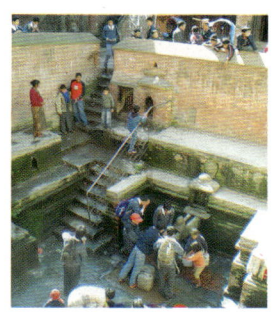

カトマンズの水場。洗たくしている人もいたよ。

牛はヒンドゥーの神さま。

ホーリーでスゴイ色になった日本人のお姉ちゃん。

第4章　中東〜アジア
ネパール　2007/2/28-3/13

"ホーリー"で水をかける子どもたち。　　"ホーリー"で全身赤くそまった人。

この道はとばす車が多く、事故が多いそうです。だから、ボクたちが乗ったのは、現地の人が乗るバスではなく、"ツーリストバス"という、ちょっと高いバスです。ボクたちのバスの運転手さんは、あまりとばすことなく、ムリな追いこしもしない人でよかったです。
途中、小さな村や町がたくさんありました。子どもたちが、どろ水の入った袋やペットボトルを持って、かまえています。バスはみんなどろだらけになっていました。
一度、バスの前のガラスに、どろ水がた〜くさんぶち当たって、前が見えなくなったので、バスを止めて洗いました。でもだれもおこりません。それがこのお祭のおかしいところです。
大人も子どもも、顔や服に、赤やピンクや紫の粉をぬりつけあって、なんだか、とても楽しそうです。

◎日本語いっぱいの町ポカラに着いた。

7時間後、ポカラの町に着きました。バスを降りてどうしようか？　と思っていると、ネパール人の男の人に、日本語で声をかけられました。アヤシイ？　と思って注意して聞くと、"サクラ・ゲストハウス"の人でした。ボクたちが行こうと思っていたホテルのひとつだったので、行くことにしました。
"サクラ・ゲストハウス"には、ボクたちと同じくらいの歳の男の子が2人いました。仲良くなれたらいいなと思います。

ポカラで泊まった"サクラ・ゲストハウス。"快適！

湖のそばでバッファローがひるねしていたよ。

ポカラは日本語がたくさん！

トレッキング開始！段々畑がきれいだよ。

↑山の学校。日本人が作った学校だった。↑

ポカラは、ペワ湖とヒマラヤの山々が見渡せる、美しい町です。観光地だけど、静かでのんびりしています。
ポカラから見える山で、ボクが一番カッコいいと思ったのがマチャプチャレ山（6993メートル）です。"魚のしっぽ"という意味だそうです。
この町で一番高いのが、ダウラギ山で8167メートル。アンナプルナ山は、1、2、3、4、とサウス（南）など峰がたくさんあって、7219〜8091メートルです。ヒマラヤ山脈で一番高く、世界で一番高いエベレスト山は8850メートルです。日本一高い富士山でも、3776メートルなので、すごい高いです。
さて、山をもっと近くで見るために、2泊3日のトレッキング（山登り）に行きます！

◎トレッキング開始。山の学校に"ＪＡＰＡＮ"の文字が！

トレッキング1日め。
石がごろごろの坂道をのぼります。段々畑がきれいです！
山の途中、小学校がありました。山には山で暮らしている人がいっぱい

第4章 中東〜アジア
ネパール 2007/2/28-3/13

います。子どもたちは毎日、この急な山道を上ったり、下ったりして学校へ行くんだね！　その学校の門の横になんと、"ＪＡＰＡＮ"の文字を見つけました。日本人の"いのぐちたいぞうさん、ともこさん"がつくってあげた小学校だそうです。

のぼって、のぼって　のぼり続け、4回ぐらい休けいをして、3時間かかって、今日のホテルに着きました。近くには、水牛がいて、水遊びしていました。残念だけど、空は曇って、山は見えませんでした。

トレッキング1日めに泊まった山小屋ホテル。いい景色で、空気がおいしいよ。

山のホテルの台所。炭でネパールのパンを焼くのを手伝ったよ。

さあ、2日め。雲に向かって登るよ！

夜、ホテルのおばさんたちが、料理をしているのを見ていたら「やってみる？」といわれて、やらせてもらいました。ガスじゃなく、まきで火をつけて、パンをやきます。おもしろかったです。

◎かっこいいマチャプチャレ山。

トレッキング2日め。
今日は朝、一番かっこいいマチャプチャレ山がきれいに見えました。美しい山を見ながら朝ごはんを食べ、そして出発です！　また、3時間ぐらいのぼりました。昨日よりラクだったです。
着いたところは、昨日と似た山小屋でしたが、電気はありません。シャワーもなく、バケツにお湯をもらって、洗いました。
それから、昨日より寒くなりました。ボクとひかるはホテルの人と、まきをあつめて、火が消えないようにがんばりました。これが山の暮らしなんだなあ、と思いました。

3日めに見えた、とっても美しいアンナプルナ・サウス。

2日めに泊まった山小屋にかわいい赤ちゃんがいたよ。

2日めに泊まった山小屋とアンナプルナ・サウス。

これがマチャプチャレ山！"魚のしっぽ"という意味。

泊まっているサクラ・ゲストハウスの子どもたちと勉強したよ。

第4章　中東～アジア
ネパール　2007/2/28-3/13

ポカラで毎日食べにいった"デビモモ食堂"（左上）とおばちゃん。

バスターミナルからも山がこんなにキレイに見えたよ。

トレッキング3日め（最終日）。
今朝、まだ太陽がのぼる前、ひかるが「山がすごいよ。きれいにみえるよお！」と言いながら、ボクを起こしにきました。
とび起きたら、"アンナプルナ・サウス"の山が、浮き上がっているように見えました。
それから、太陽が少しずつのぼって、山のてっぺんが、どんどん金色に光り始めました。ほんとうにきれいです。そして、山全体が金色に輝きました。
ボクたちは運がいい！　と思いました。

◎ **ネパール語を教わったよ。**

ポカラに戻りました。ボクたちは"サクラ・ゲストハウス"の子どもたちといっしょに、勉強したり、あそんだりしました。オパールは13歳で、ボクに英語をおしえてくれます。アシスは10歳です。ふたりとも日本語を少し知っています。ネパールの文字も教えてもらいました。
ネパールの友達ができて本当にうれしいです。
とうとう、カトマンズにもどる日になりました。オパールとアシスとお別れです。朝早いのに、わざわざ起きてくれて、見送ってくれました。
「さよなら〜！　ありがとう！　また会おうね！」と約束しました。
帰る日の朝、ポカラのバスターミナルから、見事なマチャプチャレ山が見えていました。

長い行列のデモ行進。

◎カトマンズはデモだった。

🚌は7時間後の、お昼の2時前にカトマンズに着きました。
まず、"日本の本がたくさん置いてある"と聞いたホテルに行ってみました。ホテルの人は日本語がペラペラでびっくりしました。
部屋はきれいだったけど、広くはなくて、2220ルピー（約4000円）だったので、そこはやめて、前に泊まっていた"チベットゲストハウス"に戻りました。ここは日本語は通じないけれど、ホテルの人はみんな親切で、部屋は4つベッドがあって、1050ルピー（約1900円）。"チベットゲストハウス"は本当に最高！　ということが、あたらめてわかりました。
お湯がためれるお風呂なんて、なかなかありません！

　　　　　　　　　＊　　　　　　　＊

今日は、町でデモがあってました。赤い旗を持って、叫んでいて、とても長い行列でした。
デモは、グアテマラやボリビアでもよく見かけました。でも、カトマンズのデモは、警察官が何人も見張っています。警察の車には、大きな銃を持っ

第4章　中東〜アジア
ネパール　2007/2/28-3/13

た警察官がかまえていて、おどろきました。
　　　　　＊　　　　　＊
ネパールは町中に神さまがいます。どれもみ〜んな"赤い粉"がついています。ヒンドゥーの神さまがいて、仏教の神さまもいます。また、道路のすみっこには、物乞いの人もたくさんいました。

カトマンズにも、日本食レストランが何軒もありました。"ふる里"というレストランは、昨日初めて行って、とてもおいしくて感動したので、今日も行きました。

ネパールの人はゆっくりのんびりしているので、ネパールの食堂では、注文したものが出てくるのに、1時間ぐらいかかります。でも、この"ふる里"は、日本のようにさっと出てくるので、感動です！

そして、お皿の盛りつけも日本風です。作っているのはネパール人です。運んでくれる人もネパール人で、日本語はペラペラでした。

◎ヒマラヤで一番古い寺、"モンキーテンプル"。

さて今度は、"スワヤンブナート"という仏教のお寺に歩いて行きました。そこは、ヒマラヤで一番古い仏教のお寺だそうです。途中、橋をわたっていると、川に野生のブタがいました。川は、ゴミだらけで、すごい臭いがします。男の人がブタをつかまえようとしていました。でも、ブタの親子は

お寺でみんなくつろいでいるよ。

神さまにも赤い粉。

町のあちこちに、お寺がたくさんあるよ。

レストラン"ふる里"。やっぱり日本食っていいなぁ。

川には、ブタの親子がいたよ。

マンガみたいな仏さま"ブッダ"の目。

長い階段を登ると"ブッダ"の塔が見えてくる。

すばやく、逃げきりました。
　"スワヤンブナート"の入り口に着きました。ここはサルがたくさんいて、"モンキーテンプル"(「サルの寺」の意味)と呼ばれているそうです。サルは、落ちてるニンジン(落ちたお供え物)を食べていました。入り口近くには物乞いの人がたくさんいました。
　そして、とても急な階段を登ります。一番上まで登ったら、カトマンズの町が見渡せます。
　正面の塔には、なんと、"目"があります。マンガみたいな"目"です。これは、"仏さま(ブッダ)の目"だそうです。ちゃんと、みんなを見守ってくれています。まわりには、たくさん仏像がありました。人々は祈ったり、さわったり、なでたり、くつろいだりしていました。

◎ビニールテープもおもちゃも没収!?

　今日はタイに戻ります。空港に行き、チェックインして、ネパールの

第4章　中東〜アジア
ネパール　2007/2/28-3/13

ネパールの仏像は、色があざやかで楽しいね。

出国手続きをして、待合室で待っていました。
いつもと違っていたのはこのあとの、荷物検査です。ここに来る前に機械でチェックしたのに、また荷物検査をするそうです。それも、荷物の中身を全部出して、見せなくてはならないのです。
それで、お母さんは、"ビニールテープ"を没収されました。「え！　なんで？」と聞いたら、「口をふさぐから」だそうです。ボクはとてもおどろきました。次に洗たく物を干すロープもひっかかりました。ちゃんと空気をぬいたサッカーボールもひっかかりました。でも、説明して、大丈夫になりました。
それから、ボクたちの大切な"おもちゃが入ったバッグ"も全部中身を出されました。カードはバラバラになり、こわれないように袋に入れていたものは、全部はがされました。
「テロ防止のためなのよ」と、お母さんは言うけど、ボクにはいやな荷物検査でした。

第4章　中東～アジア

再び タイ
Thailand
2007/3/13-3/26

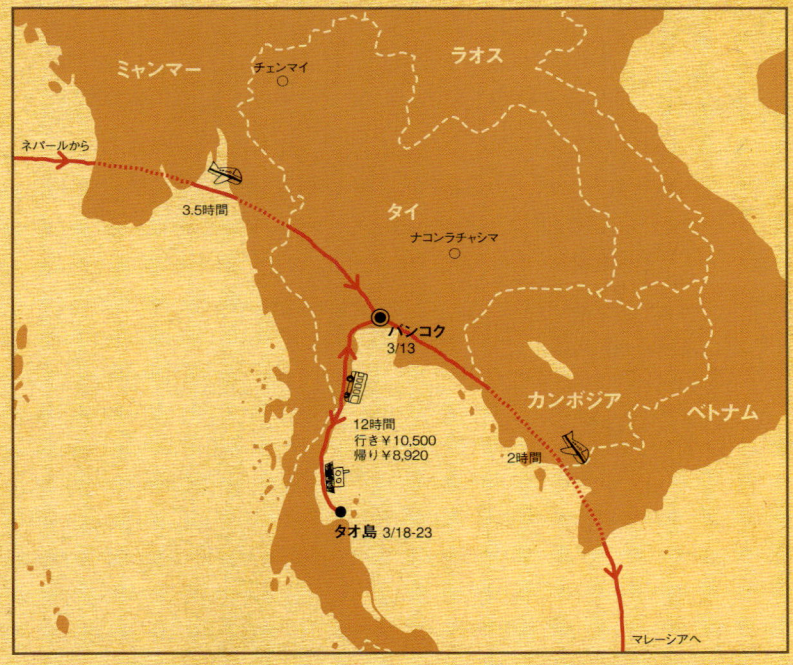

地図：
- ネパールから
- 3.5時間
- ミャンマー
- チェンマイ
- ラオス
- タイ
- ナコンラチャシマ
- バンコク 3/13
- 12時間 行き¥10,500 帰り¥8,920
- タオ島 3/18-23
- カンボジア
- 2時間
- ベトナム
- マレーシアへ

※地図内の交通費はすべて4人分

トラベルメモ

- 【面積】日本の1.4倍
- 【人口】日本の半分よりちょっと多い
- 【治安】良い！
- 【言語】タイ語、英語も少し通じる
- 【お金】バーツ。1バーツ＝3.5円
- 【物価】安い！屋台のラーメンやチャーハンは70円～100円。
- 【行って良かったところ】タオ島
- 【宿泊費用】4人1泊約1,900円～3,000円

旅の思い出

ひかる9歳に！ハッピーバースデイ！

第4章　中東～アジア
タイ　2007/3/13-3/26

◎高熱でまたダウン。

タイのバンコクに戻って、丸1日たったころ、ボクはまた具合が悪くなりました。夕方からなんかムカムカして、夜になって急に高熱が出て、ダウンです。
翌朝、病院へ行きました。バンコクに住む日本人や外国人が行く病院です。着くと、高級ホテルのような病院でビックリしました。熱が高いので、お母さんはとても心配していました。日本語がわかる女の先生がいたので、診察してもらいました。
お母さんは先生に、カンボジアで蚊が多かったことや、11ヶ月旅をしていること、今まで行った国などを話しました。そして、血やおしっこをとって、マラリアやデング熱などにかかっていないか、いろいろ調べました。でも、それらの大変な病気ではありませんでした。ほっとしました。
翌日にはもう熱が下がりました。
バンコクでは、よく伊勢丹デパートの本屋（紀伊國屋）に行きました。ここには日本語の本がたくさんあるからです。世界一周に出て、日本語の本がめったに読めないので、読めるところに来たときは、何時間でも読みます。ボクもひかるもますます本が好きになりました。
バンコクでは、世界の伝記などを読みました。読んだ人物は、ジャンヌ・ダルク、モーツァルト、ケネディ、リンカーン、ベートーベン、ライト兄弟……などです。本の値段は、日本の2倍～3倍もします。
ボクがまあまあ元気になって、タイの南の島"タオ島"に行くことにし

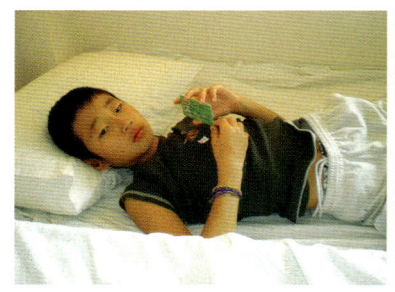

この世界一周で、2度めのダウン……。

バンコクのカオサンロードはいつ来てもたくさんの屋台で楽しい。

ました。海でのんびりしようと思います。

◎ひかる、タイで9歳になりました！

タオ島へは、夜出発です。🚌でタイの南へ行き、🚢でわたって、翌朝、タオ島へ着きます。
タオ島はとっても海がきれいです。
おもしろいのは、砂浜に犬が何匹ものんびりとくつろいでいて、時々、海に入って、スイスイ泳いでいることです。
そして、🚢と🚌でバンコクへ戻りました。
ゆっくりできたので、ボクもバッチリ元気になりました！
そして、今日は、3月24日。ひかるの9歳のお誕生日！　おいしいケーキをさがしまわったよ。やっぱ、伊勢丹デパートのケーキが一番おいしそうだった。700バーツ、2450円ぐらい。高級ケーキだよ〜ん！　うれしいなぁ。
♪ハッピバースディ　ひぃか〜る！　9歳おめでとう！

夜は砂浜にもレストランのテーブルが置かれ、波の音を聞きながら食事ができるよ。

犬のあとを泳ぐたかゆき。

パパじまん（？）のキック。

おめでとう！　ひかる！

第4章　中東〜アジア

マレーシア
Malaysia
2007/3/26-3/29

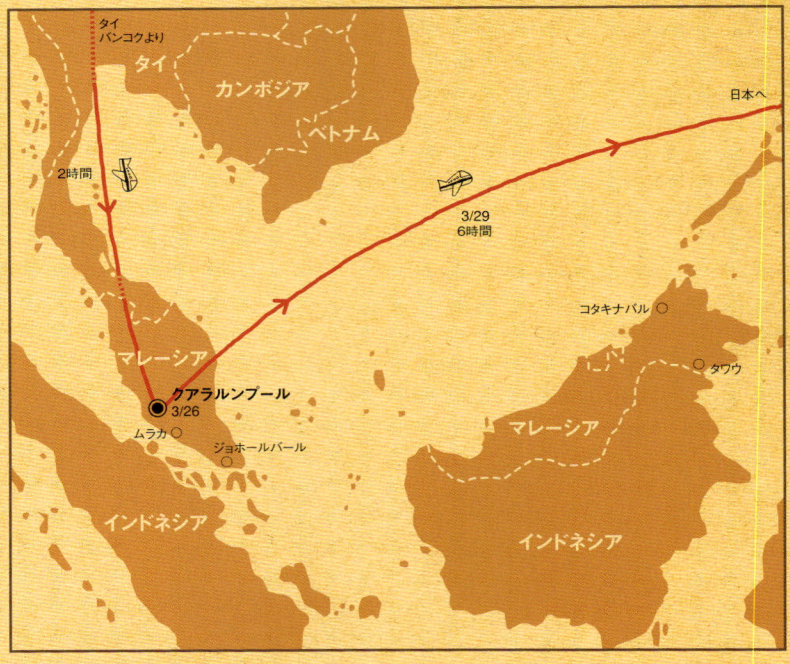

※地図内の交通費はすべて4人分

トラベルメモ

【面積】日本の0.9倍
【人口】日本の5分の1
【治安】良い！
【言語】マレー語、英語もわりと通じる
【お金】リンギット。1リンギット＝33円
【物価】安い。タイよりちょい高！
【行って良かったところ】チャイナタウン
【宿泊費用】4人1泊約2,400円

旅の思い出

世界一周最後の国。世界一周達成までもうすぐ。バンザ〜イ！

◎クアラルンプールはとてもきれいな町だよ！

マレーシアはイスラム教の国です。イスラム教の国は、エジプト、イエメン、ドバイと４つめです。

イスラム教の女の人は、頭にスカーフをまいています。でも、イエメンのように黒いものではなく、色とりどりです。たま〜〜に黒服の人もいました。

ふつうの服を着ていて、スカーフをまいてない女の人もたくさんいます。その人たちはイスラム教の人ではないそうです。マレーシアでは、イスラム教の人だけでなく、仏教の人も、ヒンドゥー教の人も暮らしているそうです。

ボクたちは、チャイナタウン（中華街）のホテルに泊まって、夕ごはんは、中華料理を食べました。夜、屋台がいっぱい出て、とてもにぎやかで、たのしいです。

タイも暑かったけど、マレーシアもとっても暑いです。５分歩いただけで、じっとり汗だらけです。

そんな中、今日は、クアラルンプールのシンボルの"ツインタワービル"を見にいきました。チャイナタウンから電車で行けます。

クアラルンプールの町はとてもキレイです。車もキレイです。

それに、電車がたくさん走っているから、車の渋滞がなく、空気がきれいでおどろき

中華街のレストラン。

中華街の出店。とてもにぎやか。

クアラルンプールのマクドナルド。

クアラルンプールの女の人。

電車もキレイ。

第4章　中東～アジア
マレーシア 2007/3/26-3/29

中華街にある中国のお寺。

クアラルンプールのシンボルの"ツインタワービル"。カッコイイビルだ！

中華街にあるヒンドゥー教の寺院。

ました。
それから、歩いている途中に、たくさん日本食レストランを見かけました。クアラルンプールにもたくさんの日本人が住んでいるんだな、と思いました。
それから、犬がいません！　のら犬が！　アジアはどこにいってものら犬が多いのに、クアラルンプールにはいませんでした。ふしぎです。
　　　　　　　　　　＊　　　　　　　＊
真夜中にクアラルンプールを飛行機が飛び立ちました。もう、6時間後は日本です。いよいよ明日は日本です！

◎ついに日本へ。ありがとう！

朝、大阪に着きました。
無事、元気に、日本に帰ってくることができて、本当にうれしいです。

そして、福岡行きの飛行機に乗りかえました。日本はやっぱり何もかもがきれいで、丁寧で、おつりがあって、すばらしい国だなと思いました。今までは、それを"あたりまえ"だと思っていたけど、"あたりまえ"じゃなかったです。

お昼、福岡に着きました。友達のコウキが迎えにきてくれていました。めっちゃうれしかったです！

そのまま、学校へご挨拶！　本当にありがとうございました！

翌日は、おじいちゃんおばあちゃん家へお礼に行きました。本当にありがとうございました！

おじいちゃん、おばあちゃんとうれしい再会。

福岡の小学校に戻ると、校門の桜は満開でした！

旅のこづかい帳（交通費＆現地ツアー＆入場料など）

※5/11までの"こずかい帳"を市場で紛失したため、それ以前の金額はネットやガイドブック調べです。
※子供の交通費に関して：アメリカとメキシコだけ約半額。それ以外はほとんど大人と同額でした。
人や場所によって、たま〜に割引してくれるときもありました。基本的には、座席を使えば１人前の金額がかかる。親のヒザの上に座れる小さな子どもだとおそらくタダ。鉄道の場合は半額にはならないが、子ども割引はある。
※世界一周航空券とは：出発地から世界を回ってまた出発地に戻るまでの連続した航空券の束。どこにでも自由に行けるのではなく、あらかじめ行き先を決めて購入するもの。現地で予約のみすればいいし、上手に使えばかなり安い。有効期間は１年。

日本　　　　　　　　　　2006/4/10

福岡
↓ ✈ 世界一周航空券
　　　 4人で約1,500,000円
東京
↓ ✈ 世界一周航空券

アメリカ　　　　　　　2006/4/10-4/12

ロサンジェルス空港
↓ 🚌 約1時間／4人で約5,400円
アナハイム(ディズニーランドがある町)
↓ 🚐 約2時間／4人で6,480円
　　　 (子供半額)
サンディエゴ(国境)
↓ 👣 徒歩

メキシコ　　　　　　　2006/4/12-5/1

ティファナ
↓ 🚌 約22時間／4人で約42,000円
ラ・パス(カリフォルニア半島)
↓ 🚢 約16時間／4人で約24,300円
マサトラン
↓ 🚌 約4.5時間／4人で約7,500円
グアダラハラ
↓ 🚌 約4.5時間／4人で約6,500円
グアナファト(銀で栄えた世界文化遺産)
↓ 🚌 約5時間／4人で約7,000円
メキシコシティ(首都)
↓ 🚌 約15時間／4人で約22,000円
サンクリストバル・デ・ラルカス(メキシコ南部)
↓ 🚌 約3.5時間／4人で約2,700円
シウダー・クアウテモック(国境)

グアテマラ　　　　　　2006/5/1-6/3

ラ・メシヤ
↓ 🚌 約2.5時間／4人で約1,800円
ウエウエティナンゴ
↓ 🚌 約2時間／4人で約1,500円
ケツアルティナンゴ(スペイン語学校へ)
↓ 🚌 約2.5時間／4人で約1,440円
パナハッチェル(アティトラン湖)
↓ 🚌 約2.5時間／4人で約1,500円
アンティグア(スペイン語学校へ)
↓ 🚌 約1時間(2度往復)
　　　 普通のバスは4人約400円
　　　 (荷物なしの時利用)
　　　 ツーリストバスは4人で約3,300円
　　　 (荷物があるとき利用。安全のため)
グアテマラシティ(首都)
↓ 🚌 約5時間／4人で約3,000円
コバン
　　　〈ツアー〉セムクチャンペイ
　　　終日4人で約11,250円
↓ 🚌 約6時間／4人で約3,150円
プエルトバリオス
↓ 🚌 約1時間／4人で約900円

エル・コリント(国境)

| ホンジュラス | 2006/6/3-6/14 |

　🚌 約1時間／4人で約520円

オモア

　🚌 約0.5時間／4人で約200円

プエルト・コルテス

　🚌 約1時間／4人で約720円

サン・ペドロ・スーラ(第2の大都市)

　🚌 約3.5時間／4人で約1,800円

ラ・セイバ(カリブ海の島行きの船がでる町)

　🚢 約1.5時間／4人で往復、約7,200円

ウッティラ島(カリブ海の島)

　🚢 上に含む

ラ・セイバ

　🚌 約7.5時間／4人で約4,170円

テグシガルパ(首都)

　🚌 約3時間／4人で約1,130円

チョルテカ

　🚌 約0.4時間／4人で約480円

グアサウレ(国境)

| ニカラグア | 2006/6/14-6/23 |

　🚌 約2時間／4人で約780円

チナンテガ

　🚌 約1時間／4人で約460円

レオン

　🚌 約1.5時間／4人で約650円

マナグア(首都)

　🚌 約1時間／4人で約580円

グラナダ

　🚌 約2時間／4人で約570円

リバス

　🚙 約10分／約260円

サンホルヘ

　⛴ 約1時間／4人で約780円

オメテペ島(ニカラグア湖の島)

　⛴ 約1時間／4人で約780円

サンホルヘ

　🚙 約30分／約1,200円

ペニアブランカス(国境)

| コスタリカ | 2006/6/23-7/18 |

　🚌 約1.5時間／4人で約610円

リベリア

　🚌 約1.5時間／4人で約430円

サンタクルス

　🚌 約2.2時間／4人で約580円

ブラジリト

　🚌 約2.2時間／4人で約580円

サンタクルス

　🚌 約3時間／4人で約1,050円

オスティオナル(ウミガメの産卵がある海)

　🚌 約3時間／4人で約1,050円

サンタクルス

　🚌 約3.5時間／4人で約1,050円

プンタナレス

　🚌 約3.5時間／4人で約880円

サンタ・エレーナ(モンテベルデ自然保護区)

　🚌 約2.5時間／4人で約830円

ティララン

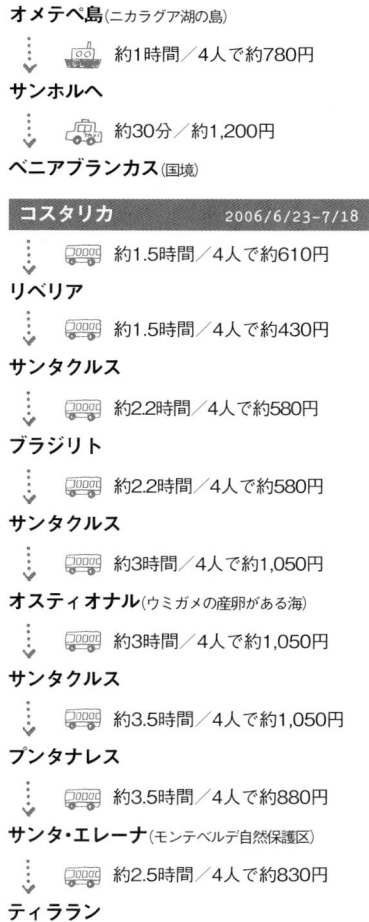

　🚌 約3時間／4人で約1,120円

フォルトゥーナ(アレナル火山国立公園)

⬇ 〈ツアー〉火山見学ツアー日帰りと翌日カーニョネグロツアー日帰り、4人で約26,680円
🚌 約5時間／4人で約1,360円

サンホセ(首都)

⬇ 🚌 約3.5時間／4人で約2,020円

ケポス(マヌエル・アントニオ国立公園)

⬇ 🚌 約3.5時間／4人で約2,020円

サンホセ

⬇ ✈ 世界一周航空券

エクアドル　2006/7/18-8/12

キト(首都)

⬇ 🚌 約2時間／4人で約920円

オタバロ

⬇ 🚌 約2時間／4人で約920円

キト(首都)

⬇ 🚌 約4時間／4人で約1,570円

バーニョス(温泉)

⬇ 🚌 約4時間／4人で約1,570円

キト(首都)

⬇ 🚌 約2時間／4人で約920円

パパジャクタ(温泉)

⬇ 🚌 約2時間／4人で約920円

キト(首都)

⬇ ✈ 約2.5時間
〈飛行機代〉大人1人45,400円
子供1人23,200円

ガラパゴス諸島

⬇ ✈ 〈ツアー〉ガラパゴス4泊5日
大人1人約46,400円
子供1人約32,480円

〈入島料〉大人1人約11,600円
子供半額
〈キト発着ガラパゴス費用4人総合計〉
約329,700円

⬇

キト(首都)

⬇ 🚌 約13時間／4人で約6,900円

マカラ

⬇ 🚌 約4時間／4人で約1,620円

ペルー　2006/8/12-8/24

※強盗対策のため、長距離バスはすべて一番高級バス利用。ペルーはバスのランクにより、かなり差がある。

ピウラ

⬇ 🚌 夜行約12.5時間／
4人で約14,400円

リマ(首都)

⬇ 🚌 約7時間／4人で約13,600円

ナスカ(ナスカの地上絵)

⬇ 🚌 約14時間／4人で約17,200円

クスコ(インカ帝国の首都)

⬇ 🚌 約2時間／4人で約720円

※マチュピチュはクスコからツアーでも行ける。が、高いので、バックパッカーは私たちが辿ったコースで行く。クスコからアグアスカリエンテスへ直行列車も観光客料金でとても高い。途中のオリャンタイタンボまで、民間のバスで行くと節約になる。

オリャンタイタンボ

⬇ 🚐 約1.5時間／
4人で往復、約20,400円

アグアスカリエンテス

⬇ 🚌 約20分／4人で往復、約4,170円

マチュピチュ

⬇ 〈マチュピチュ入場料〉
大人1人約4,260円

子供1人約1,080円
🚐 往復のため、上に含む

アグアスカリエンテス
🚐 往復のため、上に含む

オリャンタイタンボ
🚌 約1.5時間／4人で約720円

クスコ(インカ帝国の首都)
🚌 約6.5時間／4人で約5,040円

プーノ(チチカカ湖のペルー側)
🚌 約4時間／4人で約4,890円

ボリビア	2006/8/24-9/6

コパカバーナ(チチカカ湖のボリビア側)
🚌 ツーリストバス約3時間のはずが"ロードブロック"により7時間／4人で約1,460円

ラ・パス(実質上首都)
🚌 約3.5時間／4人で約870円

オルーロ
🚌 約7時間／4人で約2,270円

ウユニ(世界最大のウユニ塩湖)
〈ツアー〉ウユニ塩湖1泊2日 4人で約15,660円
🚌 夜行約8.5時間／4人で約2,750円

ビジャソン
👣 徒歩20分

アルゼンチン	2006/9/6-9/8

ラ・キアカ(国境)
🚌 約5時間／4人で約2,280円

フフイ
🚌 約2時間／4人で約1,670円

サルタ
🚌 夜行約17時間／4人で約13,680円

パラグアイ	2006/9/8-9/21

アスンシオン(首都)
🚌 約5時間／4人で約6,600円
※高級ミニバスに乗ってしまう。普通バスなら、この半分ぐらい。

シウダー・デル・エステ(免税の町、国境)
🚌 約1時間／4人で約660円

42km地点(日本人居住区)
🚌 約1時間／4人で約440円
※同じバスでも行き帰り金額が違う。

シウダー・デル・エステ(免税の町、国境)
※ブラジル、アルゼンチンより物価がかなり安い。

🚌 約1時間／4人で約800円
イグアスの滝観光、ブラジル側"フォス・ド・イグアス"へ

🚌 約1時間半／4人で約1,650円
アルゼンチン側"プエルト・イグアス"へ
入場料（子ども半額）4人で3,420円

🚌 夜行約19時間／4人で約17,600円
※ブラジル側から乗るよりパラグアイから乗るほうが安い。
〈ブラジルビザ〉
4人で約30,800円

ブラジル	2006/9/21-10/22

サンパウロ
〈サッカー費、1ヶ月間、月〜金の毎日、2人分〉約16,500円
🚌 約6時間／4人で約11,550円

リオ・デ・ジャネイロ
🚌 約6時間／4人で約12,540円

※同じバスでも行き帰り金額が違う。
〈コルコバード登山列車〉
大人1人約2,000円、子ども半額

サンパウロ
　　約1.5時間／4人で約2,760円

サントス
　　約1.5時間／4人で約2,760円

サンパウロ
　　約30時間／4人で約61,000円

ウルグアイ　2006/10/22-10/24

モンテビデオ(首都)
　　約2.5時間／4人で約3,500円

コロニア(世界遺産)
　　約3時間／4人で約9,000円
　　※高速船もある。(4人で13,200円)

アルゼンチン　2006/10/24-11/14

ブエノスアイレス(首都)
　　約17時間／4人で約27,050円

プエルト・マドリン
　　レンタカー1日8,130円
　　ガソリン1,550円

バルデス半島(一周約400キロ)
　　〈入場料〉
　　大人1人1,330円、子ども半額
　　〈くじら船〉大人1人2,470円
　　子ども1,900円
　　※ひとりだとツアーがお得
　　ツアー1人約4,370円(くじら船は別払)

プエルト・マドリン
　　約17時間／4人で約19,600円

リオ・カジェゴス
　　約15時間／4人で約16,720円

ウシュアイア(世界最南端の町)

　　約20時間／4人で約22,800円

カラファテ(氷河のロス・グラシアレス国立公園)
　　〈ツアー〉氷河クルーズ終日
　　大人1人約6,650円
　　子供1人約4,650円
　　約40時間／4人で約47,420円

ブエノスアイレス(リオガジェゴス経由)
　　約19時間／4人で約14,740円

ブラジル　2006/11/14-11/17

フォス・ド・イグアス
　　約14時間／4人で約24,640円

サンパウロ
　　世界一周航空券

南アフリカ共和国　2006/11/18-11/26

ケープタウン
　　〈ツアー〉ケープポイント終日
　　大人1人約5,360円
　　子供1人約3,120円
　　タウンシップツアー終日
　　大人1人約4,000円
　　子供1人約2,400円
　　約22時間／4人で約22,400円

ナミビア　2006/11/26-12/9

ウイントフック(首都)
　　超高級4WDのレンタカー
　　2泊3日約56,920円
　　※普通車は2泊3日で約5,120円からある。
　　しかし、4WDでないと、一番奥の美しい"ソ
　　ファスレイ"まで入れない(砂漠の砂が深い
　　ため)。
　　※この時期ナミビアはピークシーズンのた
　　めレンタカーも高い。私たちはこの車しか
　　とれなかった。(もともと物価も高い)

ナミブ砂漠
　　〈入場料〉4人で約2,720円
　　ガソリン代約12,000円

ウイントフック
- 🚌 約21時間／4人で約33,260円
〈ジンバブエビザ〉4人で28,800円。国境なら1人20ドル2,400円で取れるのに、ウイントフックのジンバブエ領事館は、国境では取れないと言い張ったため取得した。が、実際、国境で取れる。
〈サンビアビザ〉1人25ドル（大人のみ計約5,800円）
※通過するだけ…

ジンバブエ　2006/12/9-12/25

ビクトリアフォールズ（ビクトリアの滝）
4人で約1,200円
〈滝の入場料〉
大人1人2,400円、子供半額
〈ワニ園〉
4人で15ドル（約1,740円）
- 🚌 夜行 一等車約9時間／

ブラワヨ
- 🚌 約6時間／4人で約2,390円

ハラレ（首都）
- ✈ 世界一周航空券

ケニア　2006/12/25-2007/1/5

〈ケニアビザ〉空港取得
4人で200ドル（約23,200円）

ナイロビ（首都）
〈ツアー〉マサイ・マラ・キャンピング・サファリ2泊3日
4人で約106,480円
※ケニアのサファリの相場は1日当たり50ドル（約5800円）だったが、2006年11月位に値上げ。1日当たり80ドル（約9,280円）に。
- ✈ 世界一周航空券

エジプト　2007/1/5-1/16

〈エジプトビザ〉空港取得
1人15ドル（4人計約7,000円）

カイロ（首都）
〈ツアー〉ラクダと馬でピラミッド終日 大人5,000円、子供半額
※ピラミッド入場料とピラミッドの中への入場料1,500円含む
〈カイロ博物館入場料〉
大人1人1,000円、子供半額
〈カイロ博物館内ミイラ室〉
大人1人2,000円、子供半額
- 🚌 2等 約2時間／4人で約1,160円

アレクサンドリア（地中海の町）
- 🚌 2等 約2時間／4人で約1,680円
※列車の時間帯や種類で運賃が違う

カイロ
- ✈ 世界一周航空券

イエメン　2007/1/17-1/27

〈イエメンビザ〉空港取得
4人で120ドル（約13,920円）

サナア（首都）
- ✈ 世界一周航空券

アラブ首長国連邦　2007/1/27-2/1

ドバイ
- ✈ 世界一周航空券

タイ　2007/2/1-2/15

バンコク（首都）
- 🚌 約6時間／4人で約2,580円

サンクラブリ（ミャンマー国境近く）
- 🚌 約4時間／4人で約2,050円

カンチャナブリ（映画「戦場にかける橋」の舞台）
〈ツアー〉エラワン国立公園とゾウ乗り、いかだ下り、戦争博物館、泰緬鉄道乗車など終日

大人約3,810円（たかゆきも大人扱い、ひかるのみ半額）
🚌 約2時間／4人で約880円

バンコク
🚌 ツーリストバス約15時間
4人で約4,200円

カンボジア 2007/2/15-2/25

シェムリアップ（アンコール遺跡・アキラの地雷博物館）
アンコール遺跡見学のため、宿で一緒の日本人と
車1日チャーター（1台）
20ドル約2,320円
🚌 ツーリストバス約6時間／
4人で約2,320円

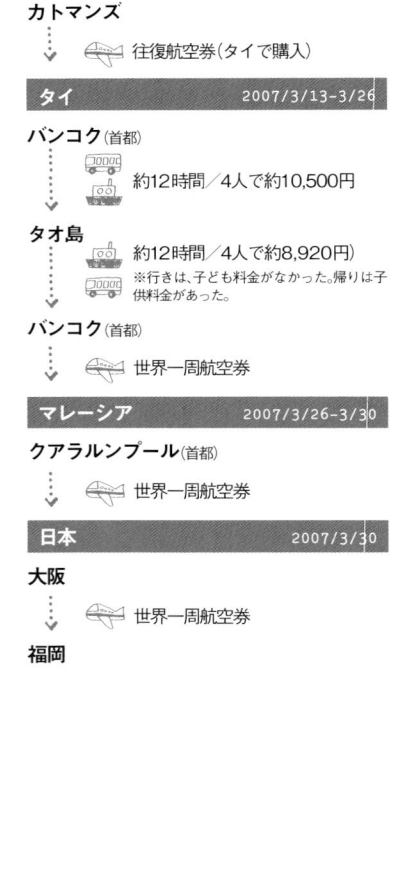

プノンペン（首都）
〈ツアー〉キリングフィールドと
トゥールスレン博物館や市内観光など終日
大人6ドル約700円、子供タダ
※但し、入場料は含まれていない。
入場料は別途。各1ドルや2ドル
（120円〜240円）程度
🚌 約15.5時間／4人で約6,960円

タイ 2007/2/25-2/28

バンコク（首都）
✈ 往復航空券（タイで購入、4人で166,400円）

ネパール 2007/2/28-3/13

〈ネパールビザ〉
この時期だけ日本人無料
カトマンズ（首都）
🚌 約7時間／4人で約2,160円

ポカラ
〈ツアー〉アンナプルナトレッキング
2泊3日 4人で約29,000円
🚌 約7時間／4人で約2,160円

カトマンズ
✈ 往復航空券（タイで購入）

タイ 2007/3/13-3/26

バンコク（首都）
🚢 約12時間／4人で約10,500円

タオ島
🚢 約12時間／4人で約8,920円）
※行きは、子ども料金がなかった。帰りは子供料金があった。

バンコク（首都）
✈ 世界一周航空券

マレーシア 2007/3/26-3/30

クアラルンプール（首都）
✈ 世界一周航空券

日本 2007/3/30

大阪
✈ 世界一周航空券

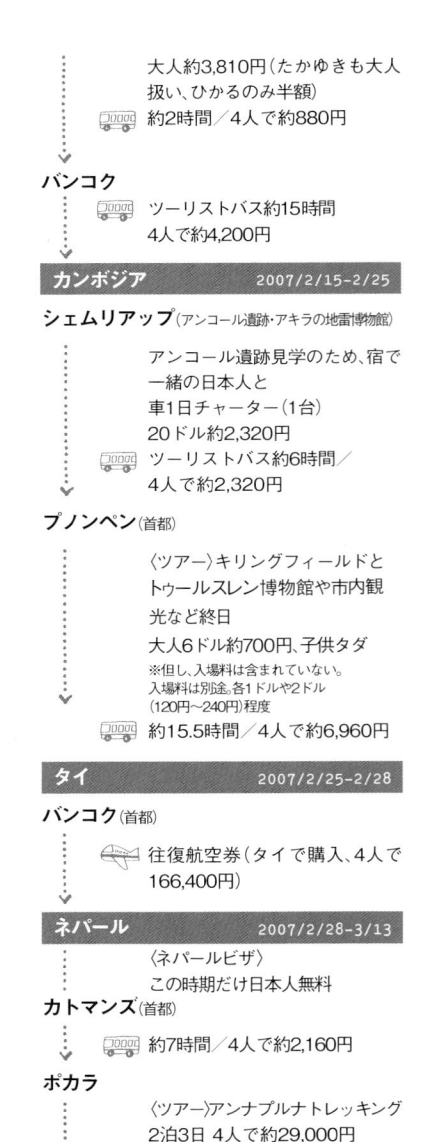

福岡

【4人分の世界一周総費用(4人で355日500万円)の内訳】
※端数は切り上げています。

- 交通費(世界一周航空券)
  大人392,700円、子ども296,500円＋燃料サーチャージ …… 約1,500,000円
- 交通費(飛行機ネパール往復：タイで購入)………………… 約166,400円
- 陸路交通費(長距離バスや鉄道)……………………………… 約790,000円
- 宿泊費(車内22泊、ツアー泊8日、ホームステイ15日間を除く約310日)
  ……………………………………………… 平均2,000円×310日＝約620,000円
- スペイン語学校2週間とホームステイ1週間代……………… 約48,000円
- サッカー費………………………………………………………… 約16,500円
- 現地ツアー費……………………………………………………… 約610,000円
- ビザ代……………………………………………………………… 約110,000円
- 飲食費(1/3は自炊)、ネット屋、市内のバス(タクシーは極力使わない)
  入場料等、その他のすべて……………………………………約1,139,000円

旅の安全：私が心がけていること

世界の80パーセントは発展途上国だそうです。私たち日本人は20パーセントの先進国の人間です。いろんな問題を抱えている発展途上国の物価は、日本の物価よりかなり安いです。しかし、それを質のいいものを身に着けた外国人が、安い安いとじゃんじゃんお金を使い、路線バスの何倍もするタクシーにばかり乗っていれば、反感を買うのは当然だと思います。反感を持たれる、それが、狙われることのひとつだと私は思っています。私は発展途上国の人々やエネルギーや文化が大好きです。歴史や自然の遺産もすばらしいものがたくさんあります。私は、その国々に生まれたと思ってお金を使うことにしています。

子連れで安全に旅する10カ条

私たちの一周ルートで言うと、アジアは比較的安全ですが、中南米・アフリカはかなり注意が必要です。気をつけてください。
①子供も親もボロくてダサイ格好(服、靴、帽子、持ち物も)をする。(ただし、清潔に)
②お金、貴重品を分散し、小銭以外は服の中に隠す(ウエストバッグ、ショルダーバッグは持っているだけで狙われる。首からつるす貴重品入れや、腹巻タイプなど日本人の隠し持ち方はバレている。町歩きはなるべく手ぶらに。またはスーパーでもらうビニール袋程度で)。
③タクシーはなるべく使わない。
④いろんなタイプのカギを持参し、荷物などを守る。
⑤客が乗っていないミニバスには乗らない。(強盗バスの場合がある)
⑥いつも何がしかの食料(パンと水など)を持参。
⑦"何かおかしい、妙だ"と感じたら、上手く断る。
⑧うしろも時々確認する。
⑨ホームページや日本人宿などで、情報を得る。
⑩子供から離れない！どんなことがあっても"子どもは守る"という気迫で挑む(気迫は顔や行動に出る。子供が小さいときはヒモでつないで歩いてました)。

あとがき

子どもたちと世界一周に至るまで

母：久米美都子（くめみつこ）（編者）

こうして、1年もの間、家族4人で旅ができたこと、学校に理解していただいたこと、予算内でお金が足りたこと、無事に元気に帰国することができたこと、お世話になったすべての人に、本当に感謝の気持ちでいっぱいです。

私が"世界"と出逢ったのは21歳、OL2年目の時でした。格安アメリカ西海岸旅行5泊7日ツアーに友人と参加。日本から添乗員が何人もついた"おのぼりさん"ツアーでした。しかし、オプショナルツアーの夜のラスベガス散策で、みんなとはぐれてしまったのです。特に勝手な行動をしたわけでもなく、ただ写真をとっていて、気がついたら、ツアーの車は、私たち2人を夜の街に置きざりに、次の目的地に行ってしまったのです。

実は、この出来事に、私の旅の原点があります。

このトラブルでは、私たちは泊まっているホテルの名前すら覚えておらず、大変な思いをしました。無事、ホテルに戻ることができたから言えることですが、言葉もできなくて困りはてて……、でも見ず知らずのたくさんの人から親切を受けたことが、あとからあとからフツフツと感動に変わってきたんです。
旅にトラブルはつきものです。おおげさかもしれませんが、人生もそう。困難や問題から逃げないで、乗り越えようとがんばったとき、感動的な出逢いが生まれる……とそう思えたのです。

私はこのアメリカ旅行を機に、旅行会社に転職しました。それ以来、7年間、旅行関係の仕事につき、世界を旅するお客さんと出会い、影響さ

れ、私自身も世界のあちこちを旅をしました。そして、1994年、29歳のとき、ひとりで世界一周するチャンスに恵まれました。
当時、一番大切だった人間関係に失敗し挫折し、人間不信になり、どう生きていけばいいのかわからなくなって、日本を飛び出したのです。
でも、お金が70万円しかなかったので、133日間で、カナダのバンクーバーからアメリカ大陸を東へ横断〜ヨーロッパの南〜北アフリカ〜中東のイスラエル〜東欧からシベリア鉄道〜モンゴル〜中国というルート。北半球の世界一周です。でも、この時の旅は、私の生き方を根底からくつがえしてくれました。人生、何がきっかけになるかわからないものです。

帰国後、結婚、2人出産。「久米さんももう旅はしばらくできないね」と言われたのですが、「いやいや、そんなことはない。私はあきらめない！」と、子連れで、世界貧乏旅行にチャレンジすることになりました。
そして子連れ旅になったことで、ひとり旅と違う"ある視点"を私にプラスしてくれました。
それは、世界の80パーセントを占める"発展途上国"が直面している子どもたちの問題です。路上で生活するストリードチルドレンの子どもたちや、難民の問題、エイズ孤児や戦争孤児の問題。ごはんも満足に食べられない、寒いのに衣服がない、学校にも行けない子ども達には、これまでも出逢ってきましたが、母親になって、本当に見て見ぬふりができなくなったのです。

最初の子連れバックパッカーは2000年3月。長男が4歳、次男が1歳11ヶ月の時のフィリピンでした。それから、年に2回の母子旅行。ベトナム、モンゴル、インド、ラオス。タイと韓国は数度にわたって行きました。格安航空券を買い、バックパックを背負って、2人の子どもの手を引いて、路線バスに乗り、安宿を探す。たくさんの人と出会い、たくさんの人に助けてもらいました。

そして、子ども支援の現場に出向くようになりました。

あとがき

ベトナムやモンゴルでは、ストリートチルドレンだった子どもたちと、ゴム飛び、折り紙、風船遊びや、バッタとりをしたり。絵本がないラオスには、日本の絵本にラオス語を貼って、持っていきました。インドの"マザーハウス"(マザー・テレサ〈1910〜1997〉によって設立された「死を待つ人々の家」や「孤児や障害や病気をもつ子どもたちの家」などの施設)では、さすがに子連れでボランティアはムリよと言われましたが、施設に直接行くと、シスターたちから、「まあ、小さなボランティアさんね！」と受け入れていただきました。

今回の世界一周でも、プロレスで3000人の孤児を育てたフライトルメンタ神父、エクアドルでは"プラン・インターナショナル"という世界66ヶ国の子ども達を支援するグループ、南アフリカでは今も残る黒人居住区、タイとミャンマー国境の難民支援、そして、カンボジアでは地雷を手で撤去しつづけるアキラの地雷博物館へ足を運びました。

本当は、ペルーの教会が支援する孤児院、ケニアのナイロビにある世界最大のスラム(貧民街)、エチオピアの"マザーハウス"にも行きたかったのですが、今回は行くことができませんでした。きっと、近い将来行きたいと思っています。

旅は、その時の自分に必要な"何か"を教えてくれるのだと私は思っています。

今の私に必要な"何か"、今の子ども達に必要な"何か"、今回の世界一周は家族にとって必要な"何か"。目に見えない"何か"。

もちろん、帰国後の不安はありました。反対する声もなかったわけではありません。

でも、1年間、家族一緒でいる、家族でひとつのことを成し遂げる、家族でひとつの目標に向かってがんばるという時間が、人生にあってもいいんじゃないかな、と思いました。回り道もいいんじゃないかな、とも思いました。

また、福岡で起きた地震(2005年3月)や、友人知人の死やガン告知、余命宣告などを経て、人生は1度なんだ、と痛感したこともきっかけでした。きっと、私たち家族にとって、大きなチャンスになる。だから、私

の人生をかけて、子どもたちを守って、目標を達成する、そう心に誓いました。

2人の子ども達は、世界一周に行くという話に、「ほんとっ！ 1年も行けると！ やったー！」と喜んでくれました。保育園時代に連れていった国のことはほとんど忘れていますが、小学生になってからは、2人とも、見たい、知りたい、友だちになりたい、もっと長く旅がしたいと、かなり積極的になっていました。それなら、子ども達が見たいもの、知りたいこと、やりたいことを実現できるよう私はがんばってみよう。そして、それまでに訪問したアジア以外の世界も、子ども達に見て知ってもらおうと思いました。

学校には、行こうと決めてすぐ、相談に行きました。理解が得られるか、とても不安でした。しかし、相談にのってくれた当時の教頭先生が、「まあ！ すばらしいじゃないですか！ なかなかできることじゃないですよ！」と、本当に、とてもとてもうれしいお言葉をいただいたのです。
世界一周中も、教科書を持っていき、親が勉強を教えます、という条件で、帰国後の進級をお願いし、検討していただき、特別に理解を得ることができました。本当に、有り難いことです。

旅はいろんなことがありました。この本の内容は楽しいことを中心にしていますが、実際は、もっともっと、苦しいことや理不尽なことも本当に多かったのです。貧乏旅行はある意味、そんな困難を越えていくことも醍醐味（だいごみ）なのですが、家族という単位になると、文句もわがままも多くなり、なかなか協力し合えなくて、苦しいことも多くありました。
また治安面では、外務省から、「十分注意して下さい」とか「渡航を検討してください」という"危険情報"が出ている国が多く、子どもを守るという点ではかなり神経質になってしまい、私自身が旅を楽しめなくなった時もありました。
それでも、ちゃんと無事日本にたどりつけたのは、なんとか、家族で困難をのり越えていけた証だと思っています。それは、我が家にとって、

あとがき

一生の宝物ですね。
そして、帰国後、私たちはそれぞれ再出発しています。旅で出逢った、旅から学んだいろんなことを、今からの人生に活かして、がんばっていきます。

これから、人間関係が広がり、社会に出ていく子ども達に、苦労や困難をのり越えたからこそ得られたすばらしい出逢いや喜びを忘れないで、世界中の人から優しくしてもらったことを忘れないで、大きく成長してくれることを願います。

そして、私ががんばってこられたのは、何より子ども達が元気で楽しくしてくれたおかげです。本当にありがとう。そして、パパ。全部を私にまかせてくれてありがとう！ 普段の日本の生活ではできない、パパと子ども達が一緒にいられる時間をたくさん持つことができたことも、本当にいい経験になったと思います。
そして、今回、無名でなんの実績もない私の企画を出版へ導いて下さった石風社の藤村さん、大変なレイアウトや地図などをわかりやすく素敵に作ってくださったｆｏｏｋのお二人、本当に感謝の気持ちでいっぱいです。
また、旅で出逢った方々、この旅を日本から応援して下さった方々、そして、この本を手にとってくださった読者の皆様、本当に本当にありがとうございました。

かやのたかゆき
1995年、福岡生まれ。人生初の海外旅行が０歳６ヶ月の韓国。その後母につきあわされ、マレーシア、タイ、インド、フィリピン、ラオス、モンゴル、インド、ベトナムなどへ。体は丈夫。好きな食べ物は白ごはん、刺身、わかめのみそ汁など純日本食。

かやのひかる
1998年、福岡生まれ。人生初の海外旅行は０歳11ヶ月の韓国。のどが弱く、フィリピンとベトナムでは排気ガスによるのどの炎症で発熱。旅でケガが多く、皮膚も弱いためすぐトビヒになって弱かったが、現在では一番体力あり。

編者：久米美都子（くめみつこ）
1964年、福岡生まれ。福岡女子短期大学・国文科卒業。地場企業ＯＬ時代のアメリカ旅行を機に旅行会社へ転職。旅行関係の会社に７年勤務（その間に「一般旅行業務取扱主任者」国家資格取得）。1994年、ひとりで世界一周。帰国後結婚、出産。大学や専門学校、カルチャースクールで一般旅行業の資格講師を務め、地元情報誌などに旅行のエッセイ執筆、ラジオ等に出演。2000年より子ども２人連れバックパッカー旅行を開始（年に２回）。これまでに約70回渡航、50ヶ国を訪問。1996年より旅好き人間の交流会「旅の茶話会」を月１回開催。福岡のJEUGIAカルチャーセンターで〈見て聞いて楽しむ世界一周＆旅の究極のコツ〉講座を開講している。

*

女ひとり世界一周＆子連れ旅のHP→「女ひとり世界一周」で検索
今回の子連れ家族世界一周ブログ→「小学生世界一周」で検索
メールアドレス：kumemuga@hotmail.co.jp
住所：〒810-0073　福岡市中央区舞鶴2-7-21-803
電話（FAX兼）：092-751-8722

著者から読者のみなさんへ
この本の印税の一部を、これまで訪問させてもらった子ども施設や支援グループに寄付させていただきます。

それゆけ小学生！　ボクたちの世界一周

2008年5月10日初版第1刷発行
2012年10月1日初版第2刷発行

かやのたかゆき＆ひかる・著　久米美都子・編

発行者　福元満治　発行所　石風社　福岡市中央区渡辺通2丁目3番24号
電話 092(714)4838　FAX 092(725)3440
印刷　九州チューエツ（株）　製本　篠原製本（株）

落丁・乱丁本はおとりかえいたします。価格はカバーに表示しています。
© Kayano Takayuki & Kayano Hikaru　Printed in JAPAN 2008

北欧やすらぎ散歩 スケッチで旅するデンマーク
ティンドラ・ドロッペ[絵・文]　渡辺考

人びとが満ち足りて暮らすデンマークに、雑貨の仕入れで六年通った著者が描く、街の見どころ、かわいいもの、素朴な暮らし。"いま、誰もがなんとなく、でも確かに感じている"一番大切な何か"にきっと気付く"（山村光春氏）

1900円

ヤップ放送局に乾杯！ ゆるゆる南島日記
根本百合子

青年海外協力隊員としてミクロネシアの小さな島に赴任したテレビマン。ビンロウジを噛みながら、天然のスローライフを送る人々の島・ヤップで、時に笑い、時にずっこけ、喜怒哀楽を共にした二年間の痛快奮闘録！［重松清氏推薦］

1500円

ティンサ ビルマ元首相バ・モオ家の光と影
松浦豊敏

ビルマの初代首相バ・モオを父に、「反政府活動家を夫に、波瀾に富んだ人生をおくったティンサとその一族の物語。大英帝国の植民地、さらに日本軍政下、時代の理不尽に翻弄されながらも清くたくましく生きたビルマの女性たちへのオマージュ

1800円

越南ルート
えつなん

華北からインドシナ半島まで四千キロを行軍した冬部隊一兵卒の、戦中戦後を巡る自伝的小説集。戦争を生きた人間の思念が深く静かに鳴り響く、戦争文学の知られざる傑作

1800円

香港玉手箱
ふるまいよしこ

転がり続ける街・香港から目を離すな！　そのマチと人のパワーに惹かれ在住十余年になる著者が、ニッポンに向けて発信する熱烈辛口メッセージ。《目次》返還の舞台裏／香港ドリーム／地べたの美食ツアー／金・金・金／祖国回帰　他

1500円

逆転バカ社長 天職発見の人生マニュアル
栢野克己

転職・借金・貧乏・落第は成功の条件だった！　ラーメン界の風雲児から冷凍たこ焼き発明者、ホワイトデーの創設者まで、今をときめくフクオカの元気社長二十四人の痛快列伝。「負け組」が逆襲する『経営戦国時代の必読バイブル！

【3刷】1500円

*価格は税込（5パーセント）です

左官礼讃
小林澄夫

左官専門誌の編集長が綴ったエッセイ集。左官という仕事への敬意から、土と水と風が織りなす土壁の美しさ、コンクリートに代表される殺伐たる現代文明への批判、そして潤いある文明への洞察まで、静謐な筆致で綴る

【8刷】2800円

左官礼讃 II　泥と風景
小林澄夫

左官技術の継承のみならず、新たなる想像力によって、心の拠り所となる美しい風景をつくり、なつかしい風景を残す。泥と人の可能性を求め続け、深い洞察と詩情あふれる感性によって綴られた左官職人の「バイブル」第2弾！

【2刷】2200円

鏝絵放浪記
藤田洋三

壁に刻まれた左官職人の技・鏝絵。その豊穣に魅せられた一人の写真家が、故郷大分を振り出しに、日本各地さらには中国・アフリカまで歩き続けた二十五年の旅の記録。「スリリングな冒険譚の趣すらある」（西日本新聞）

【3刷】2200円

藁塚（わらづか）放浪記
藤田洋三

北は津軽の「ニオハセ」から宮城の「ホンニョ」、飛騨の「ワラニゴ」、宇和の「ワラグロ」、出雲の「ヨズクハデ」、南は薩摩の「ワラヅツン」、はては韓国、アフガンまで、秋のたんぼをかけめぐり、藁積みの変化を追った三十年の旅の記録

2500円

世間遺産放浪記
藤田洋三

働き者の産業建築から、小屋、屋根、壁、近代建築、職人、奇祭、無意識過剰な迷建築まで、庶民の手と風土が生んだ「実用の美」の風景。沸騰する遺産ブームの中で見過ごされてきた庶民の遺産を追った旅の記録（オールカラー二四七遺産）

【2刷】2300円

世間（せけん）遺産放浪記　俗世間篇
藤田洋三

それは、暮らしと風土が生んだ庶民の遺産──。建築家なしの名土木から、職人の手技が生んだ造作意匠、無意識過剰な迷建築まで、心に沁みる三〇六遺産をオールカラーで紹介する第二弾

2700円

内田麟太郎[文] 伊藤秀男[絵]

わらうだいじゃやま 《絵本》

「よいさ よいやさ じゃじゃんこ じゃーん！」。炭鉱の町、大牟田の勇壮な夏祭り「大蛇山」が、町の復興を願う市民の協賛によって絵本になった。ナンセンス絵本の最前線を走る名コンビが描いた元気な絵本

【2刷】1500円

ながのひでこ[作]

とうさんかあさん 《絵本》

第一回日本の絵本賞文部大臣奨励賞受賞 「とうさん、かあさん、聞かせて、子どものころのはなし」。子どものみずみずしい好奇心が広げる、素朴であったかい世界。ロングセラーとなった長野ワールドの原点、待望の新装復刊

【2刷】1400円

アビゲイル&エイドリアン・アッカーマン 飼牛万里[訳]

おかあさんが乳がんになったの 《絵本》

乳がんになって髪の毛が抜けてしまったおかあさん。家族、友人、みんなに支えられた闘病生活を、九歳と十一歳の娘たちが描いたドキュメント闘病絵本。おかあさんが乳がんになって、家族の絆はより強くなった！

【2刷】1500円

渡辺京二

細部にやどる夢 私と西洋文学

少年の日々、退屈極まりなかった世界文学の名作古典が、なぜ、今読めるのか。小説を読む至福と作法について明晰自在に語る評論集。《目次》世界文学再訪／トゥルゲーネフ今昔／『エイミー・フォスター』考／書物という宇宙他

1500円

石牟礼道子全詩集

芸術選奨文部大臣賞 石牟礼作品の底流に響く神話的世界が、詩という蒸留器で清冽に結露する。一九五〇年代作品から近作までの三十数篇を収録。石牟礼道子第一詩集にして全詩集

【3刷】2500円

ジェローム・グループマン 美沢惠子[訳]

医者は現場でどう考えるか

「間違える医者」と「間違えぬ医者」の思考は、どこが異なるのか。診断エラーをいかに回避するか。患者と医者にとって喫緊の課題を、臨床現場での具体例をあげながら、医師の思考プロセスを探索した刺激的医療ルポルタージュ

【5刷】2800円

植村紀子［画・長野ヒデ子
鹿児島ことばあそびうた

「掘り出したばかりのさつまいもみたいに無骨だが、焼き立てのさつまいもみたいにおいしいことばたち」(谷川俊太郎氏)。郷土を愛するすべての人たちのために書かれた、初の鹿児島弁ことばあそびうた集

*朗読CDつき【3刷】2000円

植村紀子　画・林舞
鹿児島ことばあそびうた２

大人（おせ）も子どんも、やっせんぼ（弱虫者）も、おごじょ（娘さん）もまごじょ（孫）も、あっまき（灰汁まき）もカライモも、みんなで楽しめる鹿児島弁ことばあそびうた詩集、第２弾！

1500円

うしじまひろこ
博多っ娘詩集 いきるっちゃん

「詩は書いたら、博多弁になったと！」「たのしいこと、かなしいこと、いろいろあるばってん、きょうもあたしはいきるっちゃん。ね、え、おかあさん、しぇんしぇい、あたしのこころの声、きこえとる？」

1300円

おおうらすみよ［文］みついただし［絵］だんのそのこ［原案］
ぼくがすて犬になった日 《絵本》
*第一回日本の絵本賞奨励賞

きょうはたんじょうび。おとうさんに子犬をお願いしたたっちゃん。ペット屋さんにいくと思っていたら……。一年に三十万匹以上すてられるペットたちの心を知る絵本

1400円

ジュールズ・ファイファー　訳・れーどる＆くれーどる
あたしのくまちゃんみなかった？ 《絵本》
*ニューヨークタイムズ誌年間最優秀絵本

とっても大切なクマのぬいぐるみをなくしちゃった女の子。家じゅう、どこを探しても見つからない！ ピュリッツァー賞受賞作家が描いた、全米ベストセラー絵本

1400円

黒田征太郎［絵］ふくもとまんじ［文］
岩になった鯨 《絵本》

ひとは、心のどこかにまぼろしをかかえて生きています。これは、あなたの心にすむ鯨と龍の物語です――。黒田征太郎氏が自由なイマジネーションで描いた、大人も子どもも楽しめるファンタジックな絵本

1200円

*価格は税込（5パーセント）です

黒田征太郎［作］

火の話 《絵本》

火の神から火をあたえられたニンゲンたちと、火の神は約束をしました。「火を使って」「殺し合いをしてはならぬ」。ニンゲンにとって「火」ってなんだろう？ 戦争から原子力発電まで、宇宙や神話という永い時間の中で考える絵本

1300円

近藤等則［文］ 黒田征太郎［絵］

水の話 《絵本》

水は宇宙からやってきた。そして地球上の全ての生命は水から生まれた──。黒田征太郎と世界的トランペッター近藤等則のコラボレーションによって生まれた、水と命の長い長い物語

1300円

佐木隆三［文］ 黒田征太郎［絵］

昭和二十年 八さいの日記 《絵本》

「ぼく、キノコ雲を見たんだ」。その少年は「おくに」のために死ぬ覚悟だった。当時八歳だった佐木隆三氏が渾身の気迫で少年の心象を書き、七歳だった黒田征太郎氏が渾身の気迫で絵を描いたヒロシマとナガサキ。平和と命への希求が描かれたいのちの絵本

【2刷】1300円

ごとうひろし［文］ なすまさひこ［絵］

なんでバイバイするとやか？ 《絵本》

養護学校に通う中学二年のてつお君は、いつもバイバイしながらよっていった──。「なんでバイバイするとやか？」と小学三年生のきんじ君。表と裏の二つの表紙から始まる二つのストーリー。みずみずしい心と心が出会う「魔法の絵本」

【2刷】1300円

バーサンスレン・ボロルマー［作］ 長野ヒデ子［訳］

モンゴルの黒い髪 《絵本》
＊04年国民文化祭・絵本大会グランプリ受賞

敵は邪悪な四羽のカラス。武器もない女たちが、草原と家族をまもった──。モンゴルの伝説民話を題材に、彩色豊かに描かれた珠玉の絵本。「絵のすばらしさに圧倒された」（宮西達也氏）

【3刷】1300円

堂園晴彦［文］ 本田哲也［絵］

サンピラー お母さんとの約束 《絵本》

幼いころ病気で母親をなくした兄弟には、母親との約束があった──。ホスピス医療の第一人者が、どんな小さな子どもでも、支えと励ましを与え続けながら、「死という別れ」の真実を徐々に知らせていくことの大切さをつづった絵本

1300円

＊読者の皆様へ　小社出版物が店頭にない場合は「地方小出版流通センター扱」とご指定のうえ最寄りの書店さんにご注文ください。なお、お急ぎの場合は直接小社宛ご注文くだされば、代金後払いにてご送本致します（送料は不要です）。